# ÉTUDE

SUR

# LES SEIGNEURS DE LIGNY

## DE LA MAISON DE LUXEMBOURG

## LA VILLE ET LE COMTÉ DE LIGNY

PAR M. BONNABELLE

TYPOGRAPHE

Membre de la Société des Sciences, Lettres et Arts de Bar-le-Duc,
de la Société d'Archéologie lorraine,
et de l'Académie héraldique et généalogique italienne, etc.

BAR-LE-DUC

CONTANT-LAGUERRE, ÉDITEUR

1880

# ÉTUDE

SUR

# LES SEIGNEURS DE LIGNY

## DE LA MAISON DE LUXEMBOURG,

## LA VILLE ET LE COMTÉ DE LIGNY.

---

Extrait des *Mémoires de la Société des Lettres, Sciences et Arts de Bar-le-Duc,*
Tome IX, 1880.

IMPRIMERIE
CONTANT-LAGUERRE
LVX ET VITAM
BAR LE-DUC

# ÉTUDE

SUR

# LES SEIGNEURS DE LIGNY

## DE LA MAISON DE LUXEMBOURG

## LA VILLE ET LE COMTÉ DE LIGNY,

PAR M. BONNABELLE

TYPOGRAPHE

Membre de la Société des Sciences, Lettres et Arts de Bar-le-Duc,
de la Société d'Archéologie lorraine
et de l'Académie héraldique et généalogique italienne, etc.

BAR-LE-DUC

CONTANT-LAGUERRE, ÉDITEUR

1880

# ÉTUDE

SUR

# LES SEIGNEURS DE LIGNY

## DE LA MAISON DE LUXEMBOURG,

## LA VILLE ET LE COMTÉ DE LIGNY,

PAR M. BONNABELLE.

## I.

### LIGNY-EN-BARROIS ET SES SEIGNEURS.

Ligny est une jolie petite ville, agréablement située dans un frais vallon, sur la rive gauche de l'Ornain, à la croisière des routes nationales N° 4 de Paris à Strasbourg, et N° 66 de Bar-le-Duc à Bâle. Le ruisseau des Annonciades, affluent de l'Ornain, arrose une partie de son territoire. Elle faisait partie, avant sa réunion à la France, en 1766, du Barrois mouvant. Capitale du comté et de la châtellenie de ce nom, chef-lieu de prévôté, elle dépendait de la recette, était régie par la coutume et le bailliage de Bar, et ressortissait du présidial de Châlons et du parlement de Paris.

Cette ville porte pour armoiries :

*D'azur, à un chardon montant feuillé de sinople, fleuri d'or, surmonté en chef de trois croissants d'argent entrelacés;* sa vieille devise ne manque pas d'une certaine fierté : *En mes peines je vais croissant* (1).

(1) Loiseau et Pierson, *Géographie de la Meuse* (2e édition de Henriquet), in-8°, 1862, p. 95.

Durival (1) lui donne des armoiries un peu différentes : *D'azur, à trois croissants d'argent entrelacés, en chef, et trois chardons d'or en pointe, feuillés et tigés de même.*

Ranxin (2) lui donne, sans doute par erreur, et à cause des chardons, la devise de Nancy : *Qui s'y frotte s'y pique.*

Nous ne possédons aucun document certain sur la fondation de Ligny. D'après l'opinion de M. le comte Hippolyte de Widranges (3), cette ville ne paraît pas avoir existé sous l'occupation romaine; malgré ses longues et minutieuses recherches, ce laborieux archéologue n'a trouvé aucune trace de constructions antiques; il rapporte seulement qu'en 1840, on a mis à découvert, au lieu dit *Queue-de-Serpent*, où passait la voie consulaire, une monnaie d'argent à l'effigie de l'empereur Trajan : monnaie que nous avons vue dans sa collection.

Plusieurs historiens prétendent cependant, mais sans preuves, que cette ville existait déjà lors de la destruction de *Nasium* par les bandes d'Attila, et qu'elle se serait même agrandie, en recueillant une partie des habitants chassés de cette dernière, avec laquelle elle devait communiquer par un passage souterrain (4); mais cette assertion semble dénuée de tout fondement. A la vérité, l'antique voie consulaire de *Durocortorum* à *Nasium* passait à l'est de la ville actuelle, sur la rive gauche de l'Ornain, toutefois on ne rencontre aucun vestige de substructions antiques à ses abords.

Cette localité était formée du château et de la ville : 1° le château était composé de hautes murailles et flanqué de nombreuses tours, et se reliait à la ville par un pont-levis; 2° la ville, entourée d'un remblai en terre que soutenaient encore plusieurs tours : ces tours étaient construites avec tant d'art et de solidité, de goût et d'élégance, que le surnom de *Ligny*

(1) *Description de la Lorraine et du Barrois*, 1779, in-4°, t. II, p. 350.

(2) *La vallée de l'Ornain*, in-18.

(3) *Recherches sur plusieurs voies romaines partant de Nasium.* Mémoires de la Société des Lettres, Sciences et Arts de Bar-le-Duc, t. III, p. 231.

(4) *Description sommaire de la ville de Ligny et de la chapelle Saint-Pierre de Luxembourg*, publiée par M. le duc de Luxembourg, in-4°, 1841, p. 7.

*aux belles tours* avait été donné à la ville. D'après la tour dite *de Luxembourg* et quelques vestiges qui restent encore de ces défenses, formidables pour l'époque, il est facile d'en conclure que cette place était très-difficile à prendre avant l'invention de la poudre à canon (1).

Au commencement du x^e siècle, l'église de Ligny appartenait à un archidiacre de Toul, et dans le xiii^e, un autre archidiacre en fit cession à la collégiale de Ligny.

L'*Histoire de Toul* rapporte un miracle qui se serait fait à Ligny-sur-Orney peu de temps avant le décès de saint Gauzelin, évêque de Toul, arrivé l'an 962 (2).

Héribert et Etienne, tous deux comtes de Vitry, se seraient mis en possession de Ligny sous le pontificat du même Gauzelin, auquel ils enlevèrent encore l'abbaye de Montier-en-Der (3).

Plusieurs citent Ligny comme ayant donné son nom à des seigneurs particuliers qui portaient pour armoiries : *d'azur à un chevron d'or*. Une charte de 1106 nous fait connaître qu'Udalric, abbé de Saint-Mihiel, racheta de Renaud, comte

(1) *Description sommaire de la ville de Ligny*, etc., loc. cit., p. 8.

(2) Voici, d'après M. Félix Liénard, officier de l'Instruction publique, la nomenclature des noms donnés à Ligny-en-Barrois à différentes époques :

*Ligneium super fluvium Orneum*, 962 (Trésor des chartes). — *Linei*, 1180 (cartulaire de Jeand'heures); 1240 (accord entre Raoul, év. de Verdun, et le comte de Bar). — *In castro novo quod Lyneium dicitur*, 1191 (Collect. lorr., t. 139, N° 30). — *Lineium*, 1197 (fond. du chap. des chan.); 1580 (Stemmatum Lotharingiæ). — *Lineis*, 1208 (confirmation par Thiébaut, comte de Bar). — *Lyneium*, 1213, 1238 (Coll. lorr., t. 139, N^os 28 et 29). — *Lineium castrum*, *Ligneium*, 1217 (fondation de la collégiale). — *Lineyum*, 1231 (Trés. des ch.); 1402 (Regestrum Tullensis). — *Liney*, 1240 (accord entre l'év. de Verdun et le comte de Bar); 1361 (Coll. lorr., t. 247. 39, p. 10); 1390 (Ibid., t. 243. 37, p. 10); 1495-96 (Trés. des ch. B. 6364); 1589 (Soc. Philomath. de Verdun, lay. Saint-Joire). — *Linay*, 1259 (abbaye de Saint-Mihiel, 5. C. 1). — *Waleradus comes de Lineio*, xiv^e siècle (monnaies frappées à Ligny). — *Comté de Liny*, 1420 (Généalogie de la maison Du Châtelet, preuves); 1460 (Coll. lorr., t. 247. 39, A. 14). *Liney-en-Barrois*, 1549 (Wassebourg). — *Ligniacum*, 1749 (pouillé). — *Ligni-sur-Ornei*, *Liniacum*, 1756 (D. Calmet, note). — (*Dictionnaire topographique de la Meuse*, in-4°, 1872, p. 128). — *Ligny-en-Barrois*, 1880 (tableau officiel des communes).

(3) M. le comte Hippolyte de Widranges, *Notes manuscrites*.

de Bar, le château de Saint-Mihiel, et qu'Amalric de Ligny (*Almaricus de Linei*), était présent à cet acte (1).

En 1159, Henry, évêque de Toul, approuva la donation faite à l'abbaye d'Ecurey, par Hugues de Ligny (2).

On a tout lieu de croire que le château de Ligny était déjà construit au XII^e^ siècle, puisque le millésime de 1191 se voit encore sur la seule tour restée debout de ce donjon. Elle doit, rapporte la tradition, sa conservation à la mémoire de Pierre, cardinal de Luxembourg, qui y est né le 20 juillet 1369.

Les archives départementales de la Meuse possèdent un titre latin de 1115, par lequel les habitants de Ligny (*Lineium*), donnent au prieuré de Silmont les fours de leur ville pour le salut de leurs âmes et de celles de leurs ancêtres.

Nous possédons, sur Ligny, peu de documents antérieurs au XIIe siècle. A cette époque, cette terre appartenait à Thiébaut Ier, dit le Grand, comte de Champagne, de Blois, de Chartres, de Brie, et à Mahaut de Carinthie, sa femme, lesquels marièrent Agnès, leur fille aînée, à Regnault ou Renaut II, comte de Bar, et lui donnèrent pour douaire la ville et la châtellenie de Ligny, qui furent dès lors réunies au Barrois. Cette réunion ne fut pas de longue durée. Après la mort de Renaut II, arrivée le 13 août 1173, Henri, son fils et son successeur, jouit de cette seigneurie jusqu'en 1192; mais comme il décéda sans enfant, elle échut à son frère Thiébaut Ier, qui, lui-même, mourut en 1214.

En 1208, Thiébaut, comte de Bar, confirma et agréa l'assignation que *Renaldus, miles de Linei*, et ses frères, ont faite sur leurs dîmes d'Augécourt qui sont de leur fief, de trois muids de grains que leurs père et mère ont donnés en aumône à l'église de Rupt (Rupt-aux-Nonnains?), le 6 des calendes de novembre 1208. On conjecture que Renaut de Ligny, chevalier, Enric et ses frères, tenaient Ligny en fief des comtes de Champagne.

(1) Le président Jeantin, *Les marches de l'Ardenne et des Woëpvres*, in-8o, 1854, t. II, p. 243.

(2) *Idem, ibidem.*

Le successeur de Thiébaut Ier dans la seigneurie de Ligny fut Henri II, comte de Bar, son fils. S'étant engagé sous l'étendard de la Croix, avant de quitter ses possessions pour la Terre-Sainte, il maria sa fille, Marguerite de Bar, avec Henri, fils aîné du comte de Limbourg (1), et lui donna en dot, le 1er juillet 1231, la châtellenie de Ligny, à cette condition expresse, entre les autres, « de faire tenir et posséder » cette terre et chastellenie de Ligny, par Henri de Luxem- » bourg donataire, son gendre, et ses descendans à l'infiny, » librement et comme leur franc-alleu, et affranchie de tout » service et servitude envers et contre tous, c'est-à-dire en » pleine souveraineté, et de la mesme manière qu'en jouys- » soit auparavant le donateur comte de Bar (2). »

Il paraîtrait que le comte de Bar, en mariant sa fille Marguerite avec Henri de Limbourg, s'était réservé la seigneurie directe de Ligny, ce qui excita dans la suite de grandes difficultés, et même des guerres sérieuses entre la maison de Bar et celle de Champagne; les uns et les autres prétendant que les seigneurs de Ligny étaient leurs vassaux.

Le 12 juillet 1240, lendemain de la Pentecôte, Philippe de Toci, comtesse de Bar, veuve de Henri, comte de Bar, tué en Palestine le 13 novembre 1239, confirma la donation faite en 1231 à Henri de Luxembourg (3), son gendre, en considération de son mariage avec Marguerite, sa fille, de Ligny et ses dépendances, « et li doi faire valoir set cens livrées de » terre à foir, en telle maniere que messire Henri ne puet » cette terre repenre d'autre, ne mettre en autrui main (4). »

(1) Henri de Limbourg portait pour armoiries : *D'argent, au lion de gueules, la queue fourchue et passée en sautoir, couronné et armé d'or, lampassé d'azur.*

(2) Archives de la Meuse. B. 3038. Cette pièce, qui est signée d'EAUBONNE avec paraphe, semble avoir été imprimée vers l'année 1700, pour servir de pièce justificative à la duchesse de Luxembourg dans le procès qu'elle avait intenté au duc de Lorraine pour la revendication de ses droits à vendre les sels dans l'étendue du comté de Ligny. Elle a aussi été reproduite par Dom Calmet, *Histoire de Lorraine*, in-f°, 1728, t. II, col. ccccxlv, preuves.

(3) La maison de Luxembourg portait : *Burelé d'argent et d'azur de dix pièces, au lion de gueules brochant sur le tout, couronné, lampassé et armé d'or.*

(4) Dom Calmet, *Hist. de Lorraine*, in-f°, 1728, t. II, col. ccclviij, preuves.

En 1242 ou 1243, avant Pâques, le jour de l'octave de la Chandeleur, Thiébaut II, comte de Bar, successeur de Henri II, était en différend, lui et ses frères, d'une part, et Henri de Luxembourg, son beau-frère, d'autre part, au sujet de la succession de son père et de sa mère; ils s'accordèrent en cette manière : que si la châtellenie de Ligny était en sursis et n'était pas remplie au jour qu'elle fut cédée à Henri, ils lui en font cession, et lui, Henri, abandonne toutes ses prétentions sur la succession paternelle et maternelle. Il semble donc qu'on révoquait en doute la cession faite de Ligny à Henri de Luxembourg lors de son mariage, et encore celle qui en avait été faite en 1239 par Philippe, comtesse de Bar; du moins on doutait de la validité de cette cession, et que les comtes de Bar fussent en droit d'en disposer.

Dans tous les cas, au mois de septembre 1242, Henri de Luxembourg et Marguerite de Bar, sa femme, font leur reprise, pour Ligny et ses dépendances, du roi de Navarre, comte de Champagne, en hommage-lige, jurable et rendable, à condition qu'après leur décès, leur héritier, qui sera le comte de Luxembourg, reprendra Ligny et ses dépendances du même roi de Navarre, comte de Champagne, ou de ses hoirs. Ils doutaient donc de la validité de la première cession faite à Henri par le comte et la comtesse de Bar? D'un autre côté, le comte de Bar avait investi, dans le même temps, de la seigneurie de Ligny, un nommé Alexandre, qui, en 1259, se qualifie *homme-lige de Thiébaut*, comte de Bar. La chose était donc contestée entre les comtes de Bar et de Champagne, et il paraît par la suite, que les seigneurs de Ligny reprenaient, suivant leur convenance, tantôt des uns et tantôt des autres. En effet, en 1262, les mêmes Henri, comte de Luxembourg, et Marguerite de Bar, sa femme, donnèrent en héritage Ligny et ses dépendances à Valéran, leur fils, l'émancipant à cet effet, puisqu'il n'avait alors que dix ans, et s'en réservèrent l'usufruit pour toute leur vie. Or, Valéran reprit Ligny de Thiébaut, comte de Bar, à condition que, s'il mourait sans enfants, Ligny retournerait au comte de Bar, de qui ce fief relevait.

Sur la fin du mois d'avril 1264, le comte de Luxembourg et Marguerite de Bar, sa femme, déclaraient avoir pris en hommage du comte de Champagne le fief de Ligny, qu'ils tenaient auparavant du duc de Lorraine (1), en payant audit comte de Champagne mille livres, et en promettant cent livres de rente sur le même fief.

La même année, Ferry, duc de Lorraine, avait conclu la paix avec Thiébaut, comte de Bar, beau-frère de Henri de Luxembourg; il fit ensuite une ligue avec ce dernier, ligue par laquelle Henri s'engageait à ne contracter aucune alliance avec le comte de Bar, à ne l'aider ni directement ni indirectement, ni par lui ni par autrui, ni par fait ni par conseil, contre le duc de Lorraine. La comtesse Marguerite son épouse et Henri son fils aîné jurèrent les mêmes conventions. Ils ajoutèrent que, quand même il arriverait que le comte de Luxembourg entrerait en guerre contre le duc de Lorraine, si le comte de Bar voulait se servir de cette conjoncture pour attaquer Ferry, aussitôt Henri et Ferry feraient trève pour tourner ensemble leurs armes contre le comte de Bar. C'est ce que promit, le 4 août 1266, le comte de Luxembourg, sous peine de quinze mille marcs d'argent s'il manquait à ses promesses, lesquelles il confirma par serment et fit jurer sur la sainte hostie par douze de ses hommes ou de ses vassaux. De plus, il consentit que, s'il violait ledit serment, les officiaux de Trèves, de Metz et de Toul portassent sentence d'excommunication contre sa personne, et d'interdit contre sa terre.

Ce qui précède montre assez les sentiments hostiles qui animaient le comte de Luxembourg; mais quels étaient les motifs qui le poussaient pour en agir ainsi?... Dom Calmet (2) va nous l'apprendre :

« Henry, comte de Bar, dit-il, père de Thiébaut, qui régnoit alors, » étant sur le point de partir pour la Croisade, avoit donné sa fille » en mariage à Henry, comte de Luxembourg, et lui avoit assigné » pour douaire le château et la châtellenie de Ligny, à condition,

(1) *Mémoires* de la Société d'Archéologie lorraine, t. XXVI, p. 239.

(2) *Hist. ecclés. et civile de Lorraine,* in-folio, 1728, t. II, col. 313 et suiv.

» toutefois, que le comte de Luxembourg ne les alieneroit point et » ne les mettroit point en d'autres mains que celles du comte de Bar. » En effet, en 1262, le comte et la comtesse de Luxembourg, cédant » la ville de Ligny à leur fils Valéran, qu'ils émancipèrent, n'ayant » encore que dix ans, et par conséquent n'ayant pas l'âge requis » pour l'émancipation, se réservèrent l'usufruit de cette terre, et » Valéran en fit ses reprises du comte de Bar. Celui-ci en reçut » l'hommage de Valéran, et reconnut tenir du comte de Luxem- » bourg, Ligny en accroissement des autres fiefs qui relevoient de » lui, savoir, Stenay et le ban de Marcheris, auxquels le comte et la » comtesse de Luxembourg joignirent la moitié du fief de Marville et » d'Arrency, moyennant la somme de 500 livres de provenesiens » forts, que le comte de Bar s'obligea de leur payer.

» Quelque temps apres (1265), le comte et la comtesse de Luxem- » bourg mirent Ligny entre les mains du roi de Navarre, comte de » Champagne, et lui firent serment de fidélité par la chevalerie de » la châtellenie et par les hommes de la ville.

» Le comte de Bar prit cette démarche pour un mépris qu'on » faisait de sa personne; il mit une armée sur pied, prit la ville de » Ligny le 17 septembre 1266, et la brûla. Le comte de Luxembourg » étant venu au secours du duc de Lorraine contre l'évêque de Metz, » le comte de Bar lui livra encore bataille sous Prény (1), le fit pri- » sonnier avec quantité d'autres, et continua à lui faire une rude » guerre pendant cette année 1266.

» La guerre continuant toujours entre les comtes de Bar et de » Luxembourg, le roi saint Louis, pour les remettre en paix, envoya » vers eux Monseigneur Perron le chambellan, qui étoit l'homme du » monde en qui le pieux monarque avait le plus de confiance. Il les » vit, leur parla, les exhorta à la paix, et fit tant qu'enfin il les porta » à s'en remettre au jugement de Louis. Ils lui présentèrent leurs » griefs et leurs prétentions, et le prièrent de se prononcer sur leur » différend, promettant de s'en tenir à ce qu'il auroit décidé.

» Or, voici quels étoient les griefs du comte de Luxembourg contre » celui de Bar : 1° que le comte de Bar est homme-lige du comte de » Luxembourg, et qu'il l'étoit au temps qu'il fit prisonnier ledit comte » de Luxembourg dans la rencontre sous Prény; 2° que le comte de » Bar a pris alliance avec ceux de Metz, et avec le comte de Flandres, » sans excepter le comte de Luxembourg, de qui il est vassal, pour » plusieurs fiefs qu'il tient de lui; 3° qu'il a pris et saccagé le châ- » teau de Ligny, et causé par là au comte de Luxembourg un intérêt

(1) Prény près Pont-à-Mousson, et non Pagny-la-Blanche-Côte comme l'indique la nouvelle édition des *Mémoires du Sire de Joinville*. Bar-le-Duc, in-12, 1879, p. 266, *note*. Voir aussi De Maillet, *Hist. du Barrois* (Annuaire de la Meuse pour 1878), in-12, p. 25.

» de plus de quarante mille livres; 4° que le comte de Bar détient » injustement une grande partie de l'héritage de Henry de Luxem- » bourg leur frère, mort sans enfants; 5° qu'à la vérité le comte de » Luxembourg a pris le château de l'Étoile, mais qu'il l'a fait par re- » présailles, parce que Louis de Los, seigneur de ce château, avoit » fait de grands dégâts dans les terres de Luxembourg; 6° enfin que » le comte de Bar a causé de très-grands dommages dans les terres de » Sancy, de Florenges et de Coiquitanges, qui sont au comte de » Luxembourg ou qui relèvent de lui......

» Le comte de Bar, au contraire, se plaignoit que le comte de » Luxembourg lui eût fait la guerre sans raison, et fût entré dans » son pays en armes et bannières déployées, brûlant et ravageant » partout; que, pour arrêter ces cruelles expéditions, lui, comte de » Bar, avoit marché contre lui, lui avoit livré la bataille et l'avoit fait » prisonnier; que sur cela les enfants et les gens du comte de » Luxembourg, même Valéran de Luxembourg, son fils, qui étoit » homme et vassal du comte de Bar, à cause du fief de Ligny, étoient » entrés dans le Barrois, y avoient mis tout à feu et à sang, et y » avoient fait dommage de quarante mille marcs d'argent, dont le » comte demandoit la restitution. Il insiste principalement sur ce que » le comte de Luxembourg, ayant investi son fils Valéran de la sei- » gneurie de Ligny, et Valéran en ayant fait hommage au comte de » Bar, suivant l'intention de Henry, comte de Bar, qui l'avoit donnée » sous ces conditions à sa fille, lorsqu'il la maria au comte de » Luxembourg, toutefois celui-ci avoit, en 1265, obligé Valéran son » fils à en faire hommage au comte de Champagne (1), au préjudice » de celui de Bar.

» Il demandoit de plus : d'être quitte de l'hommage qu'il devoit au » comte de Luxembourg pour les fiefs qu'il tenoit de lui, et que le » comte de Luxembourg, et les autres prisonniers faits dans le com- » bat dont on a parlé, fussent de bonne prise, et condamnés à payer » leur rançon.

» De plus, que le comte de Luxembourg et Valéran son fils, fussent » dépouillés de la jouissance de Ligny, comme ayant méfait contre le » comte de Bar, de qui il relève. Il ajoutoit : que le comte de Luxem- » bourg, ayant contracté alliance avec le comte de Bar contre le duc » de Lorraine, sous peine de trois mille marcs d'argent s'il y contre- » venoit, n'avoit pas laissé d'aider le duc de Lorraine en la guerre » qu'il avoit eue contre le comte de Bar; et il demandoit que le comte

(1) Thiébaut, roi de Navarre, comte de Champagne et de Brie, avait épousé, à Melun, Ysabeau, fille aînée de Louis IX, roi de France. Ils moururent tous deux, en 1274, au retour de la seconde croisade (*Mémoires du Sire de Joinville, sénéchal de Champagne*, nouv. édition, Bar-le-Duc, 1879, in-12, p. 263).

» de Luxembourg fût condamné à lui payer cette amende de trois mille » marcs d'argent. Enfin le comte de Bar répétoit de grands intérêts » pour les dommages que le comte de Luxembourg avoit faits dans » ses terres et dans ses fiefs, dont il fait le dénombrement.......

» En l'an 1267, le comte de Luxembourg mit entre les mains du roi » de Navarre trois de ses villes, pour assurance du cautionnement » qu'il avoit fait pour lui de trois mille livres qu'il devoit au duc de » Lorraine........ »

Le roi Louis IX, dit l'historien Michaud, avec cet esprit de conciliation qui le rendit l'arbitre des peuples et des rois (1), « prononça, en 1268, sur le différend survenu entre » les comtes de Bar, de Luxembourg et de Champagne (2), » et décida que l'inféodation et l'hommage que le comte et la » comtesse de Luxembourg avoient faits du château et de la » châtellenie de Ligny au roi de Navarre, comte de Cham- » pagne, étoit nulle; de même de tout ce qui s'en étoit en- » suivi, tant de leur part que de la part du roi de Navarre; » que les lettres et hommages rendus en conséquence étoient » de nulle valeur; que le comte et la comtesse de Luxembourg » devoient restituer au roi de Navarre tout ce qu'ils avoient » reçu de lui à cette occasion, et lui devoient quitter ce qu'il » leur avoit promis, sauf toutefois l'hommage qu'ils lui de- » voient pour les autres fiefs qu'ils tenoient de lui.

» De plus, que l'hommage que Valéran de Luxembourg » avoit rendu au comte de Bar pour le château de Ligny » étoit nul, si Valéran y vouloit consentir; que le comte de

(1) Le sire de Joinville, dans ses *Mémoires*, raconte ainsi l'intervention de saint Louis dans les démêlés des comtes de Bar et de Luxembourg : « Aprez celle paix, » — entre Thiébaut, roi de Navarre, et les comtes de Châlon et de Bourgogne, — « commença une aultre grant guerre entre le » conte Thibault de Bar et le conte de Luxembourg, qui avoit sa seur a » femme. Et lesquelz se combatirent l'ung contre l'aultre main a main des- » soubz Prigny. Et print le conte de Bar, le conte de Luxembourg, et aprez » gaigna le chasteau de Ligney qui est au conte de Luxembourg a cause de » sa femme. Pour laquelle guerre appaiser, le Roy y envoia Monseigneur » Perron le Chambellan, qui estoit l'homme du monde en qui le Roy croioit » plus, et aux despens du Roy. Et tant se y travailla le Roy, que leur paix » fust faicte. » (*Collection universelle des Mémoires particuliers relatifs à l'histoire de France*, in-8°, 1785, t. II, p. 143-144.)

(2) Archives de la Meuse. Cart. Ligny. B. 3038, layette.

» Bar le devoit quitter de la foi et hommage qu'il en avoit » reçus ; et réciproquement, que l'hommage que le comte de » Bar avoit rendu pour le même sujet au comte et à la com- » tesse de Luxembourg étoit nul, et que Valéran n'en pouvoit » tirer aucun avantage. Enfin, que les comtes de Bar et de » Luxembourg se devoient remettre mutuellement le serment » et l'hommage qu'ils s'étoient rendus pour le château de Li- » gny ; et que les comte et comtesse de Luxembourg restitue- » roient au comte de Bar quatre mille livres tournois, sur les » sept mille cinq cents livres de provins de forts qu'ils en » avoient reçues, supposé toutefois que Valéran leur fils ne » voulût pas demeurer dans l'hommage dudit comte de Bar » pour le château et la châtellenie de Ligny ; car s'il y de- » meuroit, on ne rendroit rien au comte. Le roi se contenta, » dans ses lettres, du mois de septembre 1268, de prononcer » sur cet article, se réservant de régler les autres points dans » une seconde sentence (1). »

Valéran ne voulut pas consentir à la clause qui mentionnait que l'hommage qu'il avait fait au comte de Bar serait nul, s'il voulait renoncer au fief de Ligny ; il lui rendit même de nouveau hommage au mois de juillet 1271, et encore en 1274, et déclara que, s'il mourait sans hoirs, et que la seigneurie de Ligny vînt en la main du comte de Luxembourg, le comte choisirait un gentilhomme pour entrer en l'hommage du comte de Bar pour la seigneurie de Ligny.

La même année 1268, Valéran s'engagea par lettres données le vendredi après la mi-carême, à quitter à Ferry, duc de Lorraine, ce qui lui était dû pour tous les dommages qu'il avait éprouvés pendant sa détention, après la bataille livrée par le comte de Bar sous Prény (2).

Du mariage de Henri avec Marguerite de Bar (3), naquirent quatre enfants : 1° Henri, surnommé *Blondel*, marié à

(1) Archives de la Meuse. Chambre des comptes. B. 3038. Vidimus en papier de 6 pages in-folio (latin).

(2) Voir cette pièce dans Dom Calmet, *Hist. ecclés. et civile de Lorraine*, 1728, t. II, preuves, col. ccccxciij.

(3) Marguerite de Bar fut inhumée à Clairfontaine, près d'Arlon.

Béatrix d'Avesnes : il succéda à son père dans les comtés de Luxembourg, de la Roche et d'Arlon ; — 2° Valéran, qui fut seigneur de Ligny, et pour cette raison demeura vassal de son frère aîné du vivant de son père : c'est de lui que sont descendues les deux branches de Luxembourg, qui revendiquèrent plus tard, toutes deux, les droits sur cette châtellenie; — 3° Baudouin, qui fut archevêque de Trèves; — 4° Philippe, femme de Jean d'Avesnes, comte de Hainaut (1).

En 1270, Ferry III, duc de Lorraine, fit alliance avec Henri, fils aîné du comte de Luxembourg, et Valéran, son frère, seigneur de Ligny, promettant que, quand son fils aurait atteint l'âge de quinze ans, âge déterminé pour *que les ducs de son nom sortent de tutelle*, il lui fera jurer la même alliance, quarante jours après qu'il en aura été requis. Ferry donna pour sa caution quarante chevaliers (2).

On lit dans un arrêt du Parlement de Paris, du 21 juillet 1508, que la fidélité ou l'hommage de Ligny fut vendue en 1274 à un comte de Bar, pour la somme de quatre mille livres tournois, sans toutefois déroger à la donation de 1231. Ce fut apparemment le comte de Champagne qui, pour terminer toute difficulté, vendit au comte de Bar ses prétentions à l'hommage de Ligny : c'est depuis cette époque que les seigneurs de Ligny ont toujours relevé des comtes de Bar.

Valéran I^er^, tige des Luxembourg-Ligny, avait épousé Jeanne de Beauvoir (3). En 1276, le dimanche avant la fête de la Sainte-Croix, ils donnèrent la charte suivante pour leur châtellenie de Ligny :

Nos Vallerans de Lucembourg, sires de Liney, chl̄rs (4), et Jehanne, sa femme, dame de cel mesme leu, faisons sauoir a tous ceaux qui

(1) Nicolas Vigner, *Histoire de la maison de Luxembourg*, in-4°, 1619, p. 122-125.

(2) *Mémoires* de la Société d'Archéologie lorraine, t. XXVI, p. 246.

(3) De ce mariage sont nés : 1° Valéran II, comte de Ligny; — 2° Henri, mort sans postérité; — 3° Philippe, mariée, en 1287, à Henri, comte de Valence.

(4) Chevalier.

ces pntes lres (1) verront et orront que nos auons mis nre chastellerie et nos homes et nos villes ou quelles soient, fors nre ville de Liney, a assise, en telle maniere. Cest assauoir que chun (chacun) chevaulx trayans nos deuerat trois sestiers de blef et chun buef et chune beste trayans deux sestiers de blef moitie froment et moictie auoyne, a rendre dedans les octaues de la sainct Remy on chief doctobre en nre grenier a Liney. Et est assauoir que chune vache a lait nos deuerat six deniers et chune beste menue sor année ung denier et ly chevaulx trois solz, et la beste trayant deux solz fors. Et cest argent nos doient ils rendre dedans les octaues de Pakes a nos ou a nos sergents des leuz. Et nos doient chun feuz chun an deux gelines a la requeste de nos et de nos seriants; Et nre seriant les nos doit rendre a Liney maiour et escheuin. Et sil y auoit aucun homme ou aucune femme vesue qui ne vvaignast de beste, cil qui ne vvagneroit, paieroit demye assise et deux gelines. Et est assauoir quilz nos doient par trois fois lan, le charroy de lors bestes trayans ung jor toute jor por nos ussines retenir, et faire a nre voulentei et a nre requeste, et a la requeste de nos serians qui pour nos seroient; Et est assauoir quilz nos doient lost et la chevauchee le premier Jor au lor et denqui en avant au nre por nos seignors et por nos amis. Et doient ayder a vvaitier et a garder nre chastel de Liney à nos besoigs. Et est assauoir quilz nos doient le cusin (2) es villes de la chastellerie dessusdite se nos y gissons nos ou nre seriant qui por nos seront. Et quiconques soit maire des villes de la chastellerie dessusdite nos doit ung porc de vintecint sous de fors londemain de Noel, et doit estre lidis maires quites de lassise. Et est assauoir que se nos veniens nos ou nre commandement es villes dessusd. li devantdit maior nos doit faire auoir nos depens et doient reprenre des premiers chateiz de la terre ce que nos feront auoir, et nos deuons faire maior et escheuins et doien de cui que nos vorrons par nos leuz; Et il doient faire serement de garder nos et les prodomes selon ces choses deuant dites, et doient auoir armure selon lor pooir par le droit de lassise. Et qui iroit contre ces convenances ne en defauront, il deueront cinq sous de fors. Et est assauoir que le blef deuandit des assises des chevaulx et des bestes traians nos doient il paier et rendre chun an, et sil y auoit aucun qui forfesist daucunes choses qui ci ne sont nomees on le demenroit par le droit de nre chastel de Liney. Et par-

(1) Présentes lettres.
(2) Cusin : *lit.*

my ces convenances deuant nomees Nos ne les poons enforcier ne aller encontre en nulle maniere. Et sil y auoit aucun qui se partist de desoz nos et feist autre seigneraige que le nre, nos assenerions a son meuble et a son heritaige come au nre en quelcunque leu que il feust ne peust estre trouuez par nos ou par autruy qui por nos seroit. Et ces convenances faisons nos, sauf le droit de saincte eglise et sauf le droit dautruy et le nre droit desousd. que nos doient nre chienerie deritaige et le plaisir de nos courciers et la chaicerie aux aouis (1) et les varennes, et sil y auoit aucun ne aucune qui soient party de desoz nos, ne autre gent forain qui veullent revenir desoz nos, il peuent reuenir parmy lassise, et se on prenoit aucun de nos bouriois por nos debtes, por nos pligeries et por autres choses, nos les deuons deliurer en bonne foy aus et la lor choze. Et est assauoir que nos ne poons main mettre ne faire mettre a corps dome ne a corps de femme se ce nest domicide, de larcein, de rapin mauvais, de fame efforciee (2) et darsin (3), se non par jugement de maior et descheuins. Et est assauoir que totes ces convenances deuant dictes auons nos promis et promettons a tenir par nos seremens corporellement Jurez a nos et a nos hoirs et a aus et a lor hoir, que par nos ne par autre ne venrons encontre ne ferons aller. Et por ce que ce soit ferme chose et estable ay Je Wallerans deuant dis seellee ces pntes lres de mon seel en tesmoignaige de veritey. Et Je Jehanne dame de Liney, por ce que je nay point de seel, ay deprie au doyen et au chappre de Liney quil, a ma proiere et a ma requeste, mettent lor seel a ces pntes lres. Et nos li doiens et li chappres de Liney, a la requeste et a la proiere ma dame Jehanne dame de Liney, auons mis nre seel a ces pntes lres, en tesmoignaige de veritey. Et avons deproie et deproions nos Wallerans et Jehanne sa femme dessusd. a Noble home nre tres chier pere Henry conte de Lucembourg et a nre chier frere Henry seignor de la Roche, que mettent lor seelz en ces pntes lres, que se nos aliens encontre ces choses deuant dictes, ne facienz aller par nos ne par autre, que par nre grey nostre chiers peres et nre chiers freres deuant diz en fussent aydant audevatdiz homes en bonne foy. Et nos Henrys cuens de Lucembourg et Henrys sires de la Roche deuant dit, a la requeste et a la proiere de nre chier fil et de nre chiere soror Walleran

(1) Chaicerie aux aouis : *chasse aux oiseaux.*
(2) Fame efforciee : *femme violée.*
(3) Darsin : *d'incendie.*

et Jehanne deuant ditz, Auons mis nos seelz en ces pntes lres en tesmoignaige de veritey. Ce fut fait Lan de grace mil deux cens et soixante seize le dimanche deuant feste de Saincte Croix on moix de septembre.

Ceste pnte coppie a esté extraicte dune lettre de vidimus estans en parchemin et collationnée audit vidimus par nous notaires royaulx on bailliage de Chaumont subscriptz, le vendredi xxviij. jour d'auril apres Pasques mil v^c^ et trois (1503) (1).

Valéran Ier fut tué à la bataille de Wary, le 5 juin 1288, et eut pour successeur Valéran II, son fils aîné, sur lequel nous possédons peu de documents. On sait que son frère Henry fit, en mars 1297, une donation aux doyen et chapitre de Ligny, laquelle fut confirmée l'an 1300.

Le comte Henri de Bar, gendre d'Edouard, roi d'Angleterre, ayant pris le parti de son beau-père contre le roi Philippe le Bel, rassembla un corps de troupes, et entra dans la Champagne qu'il ravagea. Le roi de France, informé de ce fait, envoya à sa rencontre Gauthier de Crécy, seigneur de Châtillon-sur-Marne, qui pénétra dans le Barrois et s'empara de la personne du comte, qu'il amena à Philippe, occupé à une expédition en Flandre, et qui le retint prisonnier à Bruges, où il resta près de trois ans. Pour recouvrer sa liberté, le comte de Bar dut, en 1301, se faire homme-lige pour son comté de Bar, la châtellenie de Ligny et tout ce qu'il retenait en franc-alleu par delà la Meuse vers le royaume de France, à l'exception de quelques terres et de la garde des églises de Saint-Maxe de Bar, du prieuré de la même ville, des abbayes de Jovilliers, de Jeand'heurs, de Lisle-en-Barrois et de Sainte-Hould; des prieurés de Ruz, de Hennecourt, de Saint-Hilaire, du Bourg-Sainte-Marie, de Saint-Thiébaut et de Conne. Dans le traité, il fut encore stipulé que les châteaux et châtellenies de Conflans, Châtillon et La Marche demeureraient à perpétuité en héritage au roi et à ses

(1) Archives de la Meuse. B. 3038. Cette pièce a été copiée et collationnée sur ledit vidimus, le 11 avril 1879, par notre collègue et ami, M. Alfred Jacob, conservateur du Musée de Bar-le-Duc.

successeurs; mais plus tard le roi rendit ces derniers domaines à Edouard, fils de Henri (1).

Un traité fut passé, en octobre 1311, entre Edouard, comte de Bar, et Valéran de Luxembourg, au sujet des entreprises faites par les gens du comté de Bar contre ceux de Ligny, pour la tenue des jours de foire ou marchés. Par ce traité, il était fait défense à ceux du comté de Bar de troubler dorénavant les étaux à Tronville, Veaux et Courcelles (2).

Valéran II de Luxembourg, avait épousé Guyotte, châtelaine de Lille, dame de Vaubourdin (3). Il avait cédé la seigneurie de Ligny à Jean, son fils, mais il rentra en sa possession, par suite de la mort de ce dernier. Nous possédons un « Acte de reprise par Wallerant de Luxembourg, de sa » chastellenie de Ligny, de Robert, duc de Bar, où il se voit » par les rencontres des dates des 23 et 25 Novembre 1364 » mesmes mois et an, que ces devoirs feodaux ainsi rendus » et continuez par les comtes de Ligny aux ducs de Bar, n'en » altèrent point les droicts ny les priviléges, lesquels le » mesme duc Robert déclare et reconnoist assez pour luy et » ses successeurs audit duché, qu'il ne peut ny ne prétend pas diminuer, pour raison ny en conséquence de cette re- » prise feodale par ses Lettres patentes cy jointes du 23 No- » vembre audit an 1364, qui portent en termes exprez, qu'il » veut que tous sçachent et connoissent, qu'il n'a aucun » droict, authorité ny puissance, d'imposer aucun subside de » quelque nature qu'il soit ou puisse être, sur ledit comté de » Ligny, sans la permission, grâce et octroy de ses chers » Cousins, Messieurs de Luxembourg (4).

Valéran se dessaisit de nouveau de sa châtellenie, étant à

(1) Dom Calmet, *Hist. de Lorraine*, in-f°, 1728, t. II, col. 343.

(2) Archives de la Meuse. B. 3044.

(3) De ce mariage est né : Jean, seigneur de Ligny, qui épousa, en 1330, Alix de Flandre. Il mourut, en 1364, du vivant de son père. Du mariage de Jean avec Alix sont nés : 1° Guy de Luxembourg; — 2° Valéran et 3° Henri, morts tous deux sans enfants; — 4° Marie, épouse de Henri Ier, comte de Vaudémont; — 5° Philippe, mariée, en 1350, à Raoul, sieur de Raineval; — 6° Jeanne, mariée la même année à Guy IV de Châtillon.

(4) Archives de la Meuse. B. 3038. In-4° de 3 pages.

Beaurevoir, le 23 août 1366, en faveur de Guy de Luxembourg, comte de Saint-Paul, son petit-fils. Par cette donation, il accomplit les engagements qu'il avait pris par le contrat de mariage de Jean de Luxembourg et de celui de Guy, son héritier direct. Comme conséquence de cette donation, ce dernier dut rendre ses foi et hommage à Robert, duc de Bar.

L'année suivante, un conflit fut sur le point de se produire entre le même duc de Bar et Guy de Luxembourg. Guy, qui avait contribué à la destruction du château et de la forteresse de Deuilly, réclama une indemnité et sa part des prisonniers faits à la prise de ce château. Ce conflit fut soumis à l'arbitrage du roi de France, qui le termina par une solution pacifique. Un second conflit qui s'éleva aussi dans le même temps, et qui ne fut arrangé qu'en 1370, par l'intervention du duc Robert, faillit être fatal au comté de Ligny. Guy prétendait que le duc de Lorraine lui devait une réparation pour dévastations commises sur ses terres par plusieurs Lorrains de haut lignage; à son tour, Jean de Lorraine lui demandait raison pour les mêmes causes; mais le 13 août 1370, les arbitres déclarèrent que les deux princes n'avaient rien à se réclamer, et que, pour éviter entre eux à l'avenir le retour de semblables désaccords, ils ne devaient plus tolérer des voies de fait sur leurs terres respectives, mais contraindre leurs sujets à recourir aux moyens de droit, pour le redressement des torts dont les habitants des deux pays pourraient à avoir se plaindre de l'un ou de l'autre (1).

En 1362, Venceslas, duc de Silésie, qui prenait aussi le titre de seigneur de Ligny, promit à l'empereur Charles IV de ne jamais vendre ou aliéner rien de ce qui appartenait au château ou à la ville de Ligny, propriété dudit empereur, comme seigneur héréditaire de ce fief.

Le 4 avril 1368, mardi de la semaine sainte, la fatalité voulut que Robert, duc de Bar, fût fait prisonnier par les Messins, devant Ligny où il se rendait. Voici dans quelles circonstances.

(1) V. Servais, *Ann. du Barrois*, in-8°, 1865, t. I, p. 180, 190, 225, 237, 238.

Un duel en champ clos devait avoir lieu à Ligny, devant la cour de Guy de Luxembourg, comte de Saint-Paul, entre les chevaliers Jean de May ou de Mars, au service de Pierre de Bar, et Robert de Hervilliers, au service de la ville de Metz, Jean ayant traité Robert de traître et de menteur, avec offre de prouver son dire en champ clos. Sur la route, Hervilliers et les Messins rencontrèrent, dit-on, un astrologue qui, tirant l'un d'eux à part, lui dit à l'oreille : « Je te prie, ami, retourne et prends ton harnois, car il y aura bataille aujourd'hui. » Arrivés au rendez-vous, les Messins ne trouvèrent ni cour ni champion, et, l'heure étant passée, ils s'en retournaient en disant que May « s'étoit prouvé bien fau. » Il n'y avait pourtant qu'un simple retard, car ils le rencontrèrent assez près de la ville, accompagné du duc Robert, de Jean de Salm, Robert des Armoises, Robert de Stainville, Huard de Billy, Jean de Watronville, et autres hommes d'armes au nombre d'environ 140. Les Messins de leur côté en avaient 120. Sur quelque querelle qui s'éleva à la rencontre, on tira l'épée, et Jean de Salm cria à ses gens : *Aux parmentiers! aux parmentiers!* ce qui voulait dire que les Messins n'étaient que des boutiquiers et des artisans en parements d'habits; mais les parmentiers se laissant huer, gagnèrent un lieu propice, d'où ils firent partir des écuyers et des chevaux en fuite apparente, tellement que les Barrisiens, se précipitant pour s'emparer de ces beaux coursiers, tombèrent dans l'embuscade, où Jean de Salm perdit la vie. Le duc Robert y fut fait prisonnier. Ce dernier resta en détention jusqu'au 8 août 1370, et dut payer pour sa rançon et celle de ses gens la somme énorme de cent quarante mille florins (1). Au nombre des chevaliers faits prisonniers avec Robert, figure Jean, bâtard de Ligny.

Guy de Luxembourg, seigneur de Ligny, Roussy, etc., avait épousé, en 1350 (2), Mahaut de Châtillon, qui lui ap-

(1) L'abbé Clouët, *Histoire de Verdun*, in-8°, 1870, t. III, p. 323-325; Victor Servais, *Annales du Barrois*, in-8°, 1865, t. I, p. 198, 199; Dom Calmet, *Histoire de Lorraine*, in-f°, 1728, col. 557.

(2) 1356, suivant Vigner, *Hist. de la maison de Luxembourg*, in-4°, p. 371.

porta en dot le comté de Saint-Paul (1), que ses successeurs possédèrent pendant trois siècles. C'est en faveur de Guy que Charles V, roi de France, érigea, au mois de septembre 1367, la seigneurie de Ligny en comté. Il fut tué, le 21 août 1371, à la bataille de Batswiller, ou Bativille, gagnée sur Venceslas, duc de Brabant, par Guillaume V, duc de Julliers.

Le 6 du même mois d'août, Guy avait accordé au chapitre de Ligny des lettres d'amortissement de tous les biens qui appartenaient à la collégiale de la même ville.

Valéran III, fils aîné de Guy, fut l'un des hommes les plus importants de son siècle. Plus heureux que son père qui l'avait créé chevalier dans la même journée qui lui fut fatale, il fut fait prisonnier avec 274 gentilshommes, et ne sortit de captivité que l'année suivante, grâce à l'intervention de l'empereur Charles IV, qui s'apprêtait à venger sa famille des revers qu'elle avait essuyés à Julliers. Pendant sa détention, le comté de Ligny fut régi par un gouverneur, Robert de Hervilliers, seigneur de Grévillers; celui-ci, pour avoir fait arrêter, à Reffroy, au mois de juillet de la même année 1372, un vassal du duc de Bar, et refusé de satisfaire aux réclamations du prévôt de Gondrecourt, s'exposa à des représailles de la part de ce dernier, qui, à son tour, fit arrêter, à Tréveray,

(1) De ce mariage sont nés : 1° Valéran III (ou Galéran, d'après Froissard), qui lui succéda en 1371, à l'âge de 16 ans; — 2° Jean, né en 1370 (*a*); — 3° Le bienheureux Pierre de Luxembourg, cardinal (*b*); — 4° André, né en 1371, qui fut évêque de Cambrai; — 5° Marguerite, mariée à Pierre d'Enghien, comte de Lisches; — 6° Marie, alliée à Jean de Condé; — 7° Jeanne, morte avant d'être mariée (*c*).

(*a*) D'après Vigner, *Hist. d· la maison de Luxemb.*, p. 545, le second fils de Guy se nommait Robert : il aurait servi d'otage au roi de Navarre quand son père se rendit à Paris vers le roi Charles V. Jean ne viendrait que le troisième des fils de Guy.

(*b*) La tradition rapporte que le 20 juillet 1369, au moment où le feu du ciel consumait une partie du château de Ligny, Mahaut de Châtillon se sentant prise des douleurs de l'enfantement, se retira dans une des chambres de la tour qui est encore debout aujourd'hui. En souvenir de ce fait, cette chambre a été appelée la *chambre de saint Pierre*.

(*c*) Vigner donne quatre filles à Guy : 1° Jeanne, comtesse de Réthel, qui survécut à ses frères et ne mourut qu'en 1431; elle hérita, dit cet historien, de toutes les seigneuries de son frère Valéran, lesquelles elle laissa à ses neveux, n'ayant pas eu d'enfants de son mariage; — 2° Marie, qui fut seconde femme de Henry, comte de Vaudémont; — 3° Marguerite, mariée au sire de Mariane; — N....., quatrième femme de Ghébemer et de Lertal ou Lerhit. (*Hist. de la maison de Luxembourg*, p. 548 et 549.)

trois sujets du comte de Ligny. Pour cette cause, le duc de Bar dut intervenir près du bailli de Chaumont qui donna main-levée de la saisie (1).

A la mort du roi Charles V, arrivée en 1380, Valéran de Luxembourg, comte de Ligny et de Saint-Paul, était comme prisonnier en Angleterre et son comté de Ligny avait été saisi, pour ses liaisons avec les ennemis de la France; mais il profita du couronnement de Charles VI, à Reims, pour revenir et paraître avec éclat aux tournois qui furent donnés à Paris à l'occasion du sacre, et trouva moyen de se faire présenter au nouveau monarque de qui il obtint son rappel et la main-levée de la saisie de ses terres (2).

L'année suivante, Valéran, qui avait acquis par ses mérites un grand crédit à la cour de France, fut chargé par Thierry de Boppart, évêque de Metz, de l'administration du temporel de son évêché, moyennant la somme annuelle de cinq mille francs d'or de France. Valéran s'engagea alors à rendre à l'évêque, ou, en cas de vacance du siége épiscopal, au chapitre de Metz, les châteaux, maisons-fortes, villages, terres et revenus de l'évêché dépendant de son gouvernement, et ceux qu'il aurait pu recouvrer. Le duc de Bar, sur la demande du comte de Ligny, se rendit garant de ses engagements envers l'évêque de Metz, mais à la condition que Jean de Luxembourg, son frère, et lui, s'engageraient à l'indemniser des pertes qui pourraient en résulter pour son cautionnement (3).

Le 4 juillet 1381, Valéran voulut bien accorder au chapitre de Ligny l'amortissement d'une maison située en la grande rue de cette ville (4).

La garde du bourg de Void, appartenant au chapitre de Toul, fut encore une des questions qui amenèrent, vers ce temps, un conflit entre le comte de Ligny et le duc de Bar;

(1) Victor Servais, *Annales du Barrois,* in-8°, 1865, t. I, p. 254, 255.
(2) *Idem, ibidem,* t. II, p. 23.
(3) *Idem, ibidem*, 1867, t. II, p. 38.
(4) *Idem, ibidem.*

mais une transaction intervint le 6 avril 1382, par laquelle Robert consentit à ce que le comte restât en possession de cette garde, parce que Guy, son père, l'avait eue de son vivant (1).

Ce n'est que le 15 mai 1382, par lettres données à Châlons, que Valéran donna son dénombrement au duc de Bar, pour son comté de Ligny. Comme, l'année précédente, Valéran s'était chargé de l'administration temporelle de l'évêché de Metz, il dut alors confier le gouvernement de son propre comté à Jean, seigneur de Lanques. Le 27 novembre suivant, il assistait, en qualité de commandant d'un des corps de l'arrière-garde de l'armée de Charles VI, à la bataille de Rosebec, gagnée par les Français (2).

Un différend qui existait depuis un certain temps entre le duc de Bar et Valéran, au sujet de leurs droits respectifs sur le comté de Ligny, semble avoir pris fin en 1383. D'après un extrait de la transaction qui eut lieu entre eux, la solution de plusieurs questions fut soumise à des arbitres, savoir : Raoul, chevalier, seigneur de Louppy; Me Thiébaut de Vignory, clerc, pour Robert; Robert, seigneur de la Rosne, Baudoin son frère, chevalier, ou l'un d'eux, et le seigneur de Lanques, écuyer, pour le comte de Ligny. Voici l'objet de ce litige :

1° Le comte prétendait que les sujets du duc, demeurant à Ligny, étaient obligés de garder sa personne, de même que l'étaient ses sujets, et de tout ce qu'il était en possession. — 2° Le comte prétendait encore avoir droit d'étaulx et de marchés, ainsi qu'il pouvait apparoir par lettres d'Edouard, comte de Bar, et dont il était en possession; tandis que le duc soutenait, au contraire, que les droits d'étaulx et de marchés n'appartenaient qu'au Souverain, suivant la disposition de la coutume. — 3° Le comte prétendait encore que les sujets du duc, résidant à Ligny, étaient tenus et obligés de loger ses gens et domestiques, lorsqu'il était audit Ligny, et ledit seigneur prétendait que ses sujets n'étaient obligés à telle servitude. — 4° Le comte prétendait encore, que les sujets dudit seigneur duc, demeurant

(1) Victor Servais, *Annales du Barrois*, in-8°, 1867, t. II, p. 52.
(2) *Idem, ibidem*, p. 52.

audit Ligny, étaient obligés de payer et contribuer aux frais de réparations et ouvrages des fortifications de ladite ville de Ligny, et à ce faire avait fait contraindre lesdits sujets, en leurs biens, et par emprisonnement de leurs personnes. — 5° Le comte prétendait encore que le droit et la seigneurie des changes en ladite ville de Ligny lui appartenait; le duc prétendait, au contraire, que cette seigneurie lui appartenait seul et pour le tout. — 6° Les officiers de Ligny empêchaient aussi le maire, que le duc avait audit Ligny, de tenir juridiction en icelle, et d'y rendre justice pour les actions personnelles des sujets du duc, résidant audit Ligny (1).

On conjecture que la sentence des arbitres fut rendue le 25 décembre.

Pendant la minorité de Pierre de Luxembourg, leur évêque, les Messins avaient élu treize administrateurs sans sa participation, ce qui était contraire à l'usage. Valéran considéra cette élection comme une atteinte portée aux droits de son frère et prit les armes pour la faire annuler. Sur la fin de mars 1385, à la tête de 120 lances et de 40 arbalétriers, il alla s'établir à Ennery, d'où il fit sommer les Messins d'avoir à annuler les élections faites. Ces derniers ayant repoussé la demande de Valéran avec dédain, le comte demanda du secours à Louis III de Bourbon, qui s'empressa de lui envoyer 400 lances avec lesquelles il se rendit maître de Gorze et ravagea tout le pays qu'il traversa en allant assiéger les places de Marsal et de Moyenvic. Ce conflit n'était pas encore terminé en 1387, puisque le 21 mars de cette année, les Messins n'ayant pas encore voulu le satisfaire, le comte s'établit à Louvigny et s'empara de trois maisons-fortes appartenant à des seigneurs messins. Ayant demandé douze mille livres à la ville de Metz pour le dédommager de ses frais de guerre, et en ayant été débouté, il brûla les trois châteaux de Louvigny et revint à Ligny avec 90 prisonniers. Il s'empara de nouveau de Gorze au mois de mai et finit, grâce à la médiation de l'évêque de Strasbourg, par conclure la paix avec les Messins, qui consentirent enfin à transiger (2).

(1) Victor Servais, *Annales du Barrois*, in-8°, 1867, t. II, p. 73-74.
(2) *Idem, ibidem*, p. 99, 118.

Chargé par Charles VI, avec Jean de Châtelmorant, de négocier une trève avec le roi d'Angleterre, Valéran, laissant à son compagnon le soin de rapporter le traité conclu, revint à Paris le 25 août 1389, pour assister à l'entrée de la reine de Bavière et aux fêtes données à l'occasion de son couronnement. L'année suivante, du consentement du roi, il retourna encore en Angleterre, et prit une part active aux joûtes et aux tournois qui s'y livrèrent, et dans lesquels il donna des preuves de son adresse et de sa courtoisie (1).

Sur la fin de l'année 1389, Valéran fit une excursion dans le duché de Luxembourg, où, par ruse, il se rendit maître de Virton. Pour arriver à ses fins, dans la nuit du 24 au 25 décembre, sous le prétexte de conférer avec le souverain de l'Allemagne, il attira hors des murs de la ville les habitants les plus notables, et après s'être emparé d'eux, il les fit conduire sous les remparts en disant qu'il allait les faire mourir. A la vue d'un tel spectacle, la population, émue, s'empressa de lui ouvrir les portes (2).

Les *Annales du Barrois* nous montrent encore Valéran, malgré les bons offices et la médiation de Robert de Bar, de nouveau en guerre avec la ville de Metz en 1391. Le comte de Ligny, ayant trouvé à contracter une alliance avec Henri, sire de Blâmont, ouvrit les hostilités; mais les uns et les autres, cédant aux sages conseils de leurs amis, acceptèrent enfin l'arbitrage du duc de Bar, qui rendit sa sentence, le 8 octobre, à Saint-Mihiel. Par cette sentence, la ville de Metz était affranchie du paiement de deux cents livres de rente ou de cens et des arrérages que Valéran demandait; et le comte, de son côté, fut déclaré quitte de tout ce que la cité pouvait avoir à lui réclamer. Mais de ce que Valéran avait en sa possession un plus grand nombre de prisonniers que les Messins, ceux-ci furent condamnés à lui payer cinq mille francs d'or, qui lui furent délivrés à Ligny le 11 novembre suivant (3).

(1) Victor Servais, *Annales du Barrois*, in-8°, 1867, t. II, p. 154, 169.

(2) *Idem, ibidem*, p. 158.

(3) *Idem, ibidem*, p. 176.

Valéran, après la mort de Mahaut de Rœus, sa femme, qui l'avait suivi en Angleterre lors de son exil, fonda, tant pour elle que pour lui, le 13 avril 1392, un service perpétuel dans la chapelle Saint-Nicolas de l'église Notre-Dame de Boulogne-sur-Mer. Il fiança, le 19 février de l'année suivante, sa fille Jeanne (1), à Antoine de Bourgogne, deuxième fils de Philippe, duc de Bourgogne, comte de Flandre. Il épousa ensuite lui-même, à Saint-Mihiel, au mois de mai de la même année, Bonne de Bar, troisième fille du duc Robert, qui lui apporta par « contrat, trente mille francs, tant pour sa dot que pour sa part dans la succession de ses père et mère, sauf à elle à faire valoir ses droits d'hérédité en cas d'extinction des mâles. Cette somme devait être employée à l'acquisition de terres qui appartiendraient en propre à la princesse et à ses héritiers directs, et payée dans un délai fixé; en sorte que, s'il arrivait que Bonne décédât sans enfants issus de son mariage, la dot entière retournerait à sa propre famille. » Les fonds de cette dot devaient être versés entre les mains du chapitre de Rennes jusqu'à l'entière acquisition de biens-fonds. Quant à une somme de vingt mille francs, présent du roi, « Robert consentit à ce que Valéran en eût la libre disposition. » Ce dernier, de son côté, assura à sa nouvelle épouse, sur le comté de Ligny, un douaire de 6,000 livres de rentes, « ou, en cas d'insuffisance des revenus de cette terre, sur le comté de Saint-Paul et la châtellenie de Bohain. »

Le mariage contracté, Robert se fit donner par sa fille une reconnaissance en règle des conditions auxquelles il lui donnait les 30,000 francs d'or promis par le contrat, ainsi que l'engagement formel, pour elle et ses héritiers directs, de les accomplir : ce qui fut fait le 6 juin 1393, du consentement de Valéran de Luxembourg.

En 1400, le duc de Bar n'avait point encore délivré au comte de Ligny les 30,000 francs qui devaient former la dot

(1) Jeanne de Luxembourg mourut le 12 août 1407, laissant deux enfants : Antoine et Philippe de Bourgogne. C'est ce dernier qui hérita des comtés de Ligny et de Saint-Paul, à la mort de Valéran, son aïeul, arrivée en 1415.

de sa femme; le 3 février de cette année, il lui fit délivrer la somme de 10,000 écus d'or, à la couronne, à titre d'à-compte, et la possession de la terre de Graveline en Flandre. Pour compléter la dot de sa fille Bonne, Robert lui donna, le 1er mars 1402, pour une valeur de 10,000 francs, la terre de Nogent-le-Rotrou, fief relevant alors du comte d'Alençon, comme tuteur de son fils; et pour 5,000 francs celle de Kœurs; mais à la condition expresse que la terre de Nogent appartiendrait en propre à Bonne et à ses enfants ou à ses petits-enfants en ligne directe, ou, faute d'héritiers, qu'elle retournerait au duc de Bar et à ses successeurs ; quant à celle de Kœurs, il s'en réservait le rachat dans le cours de trois années. Le 12 mars, quittance fut donnée par le comte de Ligny de la somme de 26,250 francs; le surplus de la dot, soit 2,750 francs, lui fut payée ensuite en écus, et servit à acheter d'autres terres (1).

Le 9 juillet 1393, Robert prit sous sa sauvegarde le chapitre de Ligny et tous ses biens, spécialement ceux qu'il possédait à Basoilles et ailleurs, dans le bailliage du Bassigny (2).

Au commencement de 1395, Valéran se livra à de nouvelles hostilités contre l'évêque de Metz, en lui enlevant son cheval, comme il sortait de Pont-à-Mousson. Il fit ensuite tant de dégâts et de violences sur les terres de l'évêché, que de tels faits, disent plusieurs chroniqueurs, étaient peu dignes d'un prince convoitant la conquête d'un pays voisin (3). Nous trouvons aussi que Jacques d'Amance, Jean de Parroye, Liébaut du Châtelet, Jean de Ville et d'autres seigneurs lorrains, rendent témoignage que Raoul de Coucy, évêque de Metz, était tenu au comte de Ligny et de Saint-Paul de la somme de 900 francs d'or, pour quoi il a engagé le château et la châtellenie de Nomeny (4).

(1) Victor Servais, *Annales du Barrois*, in-8°, 1867, t. II, p. 200, 202, 307, 344.

(2) *Idem, ibidem*, t. II, p. 312.

(3) *Idem, ibidem*, t. II, p. 220.

(4) Dom Calmet, *Notice de Lorraine*, in-8°, Nancy, 1835, t. II, p. 160.

Cette même année 1395, Valéran fit une nouvelle excursion dans le Luxembourg, alors engagé à Josse de Moravie, qui y avait placé un gouverneur. Le but que poursuivait le comte de Ligny était de se faire rembourser une forte créance qui lui était due par Venceslas. Dans cette expédition, il était suivi par plusieurs princes du sang accompagnés de noblesse française, et par Edouard de Bar, fils de Robert. Il entra en Allemagne sur la fin de mars. D'après le P. Bertholet, Valéran brûla cent vingt villages du Luxembourg, où il porta la désolation; mais la roue de la Fortune venant à tourner, il fut battu à son tour par le comte de Castignac (ou Castenebourg), qui le chassa du duché avec une si grande perte, qu'il dut perdre l'envie d'y retourner (1).

Le 26 juin 1404, Charles VI, roi de France, enjoignait à son prévôt d'informer contre les officiers de Valéran de Luxembourg, qui avaient usurpé leurs pouvoirs sur des sujets du duc de Bar, demeurant tant audit Ligny qu'aux environs (2).

Robert se vit encore obligé, en 1410, peu de temps avant sa mort, d'intenter une action juridique contre le comte de Ligny, pour excès d'autorité et faits injurieux envers plusieurs de ses officiers. Le Parlement de Paris, saisi de cette instruction, ajourna le comte à comparaître devant lui le 2 juillet; mais dans l'intervalle il y eut transaction entre les parties.

Valéran III de Luxembourg, fut gouverneur de Gênes en 1396, grand bouteiller de France en 1410 et connétable du royaume l'année suivante; il mourut le 19 août 1415. Comme il ne laissait pas d'enfant mâle, la propriété des comtés de Ligny et de Saint-Paul, échut aux enfants alors mineurs d'Antoine de Bourgogne, duc de Brabant, et de Jeanne de Luxembourg, fille unique de Valéran. Dans le partage des biens de la succession d'Antoine, tué à Azincourt le 25 octobre 1415, les comtés de Saint-Paul et de Ligny échurent

(1) Victor Servais, *loc. cit.*, t. II, p. 222.
(2) *Idem, ibidem*, t. II, p. 371, note.

à Philippe de Bourgogne qui les posséda sous la tutelle de Jean-sans-Peur, duc de Bourgogne, son oncle; celui-ci gouverna le comté de Ligny, comme tuteur de son neveu.

Philippe de Bourgogne étant mort sans laisser d'enfants, en 1430, Jeanne de Luxembourg, sœur de Valéran, princesse très-âgée, hérita des comtés de Ligny et de Saint-Paul de son neveu, dont elle était la plus proche parente; mais elle mourut l'année même de la succession et ses deux neveux : Pierre et Jean de Luxembourg, eurent, le premier, le comté de Saint-Paul; le second, le comté de Ligny. Le premier étant mort sans enfants en 1433, les deux comtés revinrent aux héritiers de Jean de Luxembourg. Ce dernier mourut en 1440 (1).

Philippe ou plutôt Jean, duc de Bourgogne, son tuteur, ayant refusé de faire ses reprises pour le comté de Ligny, Louis, cardinal de Bar, et René d'Anjou, son petit-neveu, entreprirent, en 1420, le siége de cette ville, dont ils se rendirent maîtres, malgré la résistance de la garnison alors dévouée au duc de Bourgogne (2). C'est à l'occasion de ce siége que René, en 1432, quitta à ses sujets des redevances assez considérables pour les indemniser des pertes qu'ils avaient éprouvées (3).

L'année 1432 fut encore témoin d'une paix entre le comte de Ligny et le duc de Bar. Les négociateurs furent : Jean, seigneur d'Haussonville, sénéchal de Lorraine ; Ferry de Parroye, bailli de Nancy, et Charles d'Haraucourt, pour le duc de Bar; Jean, seigneur de Créqui ; Jacques, seigneur de Crèvecœur, et Philippe, seigneur de Ternaut, pour le comte de Ligny.

Pendant que Jean de Luxembourg guerroyait en Cham-

(1) Monstrelet, *Chroniques;* Moreri, V° *Luxembourg;* de Cimiers, *Annales, etc., de la Monarchie française;* Clouet, *Hist. de Verdun.*

(2) Dom Calmet, *Hist. de Lorraine*, in-f°, 1728, t. II, col. 762, 763; Maillet, *Description générale du Barrois*, in-12, 1749, p. 252; Clouet, *Hist. de Verdun*, tome III, p. 347.

(3) Archives de la Meuse. B. 3039, Layette. Archives de Meurthe-et-Moselle, B. 766.

pagne, et s'emparait de quelques forteresses sur les Français, Robert Ier de Sarrebruck, damoiseau de Commercy, devenu son ennemi, parce qu'il détenait le château de Montagu, assembla cinq cents hommes avec lesquels il alla surprendre Ligny, qu'il incendia après avoir enlevé ce qu'il y avait de plus précieux. Quant au château, il se défendit si bien, que le damoiseau fut obligé de se retirer avec son monde (1).

Jean II de Luxembourg, seigneur de Beaurevoir, comte de Ligny et de Saint-Paul, fut l'un des meilleurs capitaines de son temps; il fut aussi l'un des vingt-quatre premiers chevaliers de la Toison-d'Or, lors de la création de cet ordre par Philippe de Bourgogne, en 1430; il avait épousé la comtesse de Meaux (2).

Mais ce qui ternira à jamais la gloire de Jean de Luxembourg, ce fut d'avoir livré pour une somme de dix mille francs d'or (3), l'Héroïne lorraine, Jeanne d'Arc, tombée par trahison entre ses mains, au siége de Compiègne, à *Pierre Cauchon*, évêque de Beauvais, vendu corps et âme aux Anglais, qui voulaient se venger de leur défaite d'Orléans, et qui avaient résolu la mort de la sainte et pieuse fille de Domremy (4).

Le duc de Bourgogne, qui avait quitté son armée pour retourner dans ses États, en avait laissé le commandement au comte de Ligny. Cependant, et malgré la prise de Jeanne, les Français n'étaient point abattus, et se défendaient avec

(1) Dom Calmet, *Hist. de Lorraine*, in-f°, 1728, col. 776; Vigner, *Hist. de la Maison de Luxembourg*, in-4°, 1629, p. 605.

(2) Cette maison, comme celle de Béthune, portait : *Ecartelé, 1er et 4e d'azur à la fasce de gueules*, 2e et 3e de Coucy. — Coucy portait : *fascé de vair et de gueules de 6 pièces* (Vigner, *loc. cit.*).

(3) D'après M. Wallon, *Jeanne d'Arc*, 1867, in-12, p. 131 (note), « les » 10,000 francs offerts par l'évêque de Beauvais, se réduisent dans les » comptes du payement à 10,000 livres tournois, soit 61,125 fr. 69 c. de » notre monnaie, la livre valant alors 6 fr. 11 à 12 c., valeur intrinsèque. » La valeur relative était beaucoup plus grande. »

(4) M. de Barante, *Histoire de Jeanne d'Arc*, 1869, in-12, p. 178, raconte que le sire de Luxembourg « envoya la Pucelle dans son château de Beau- » revoir, en Picardie, où, bien qu'elle fût gardée sévèrement, les dames de » Luxembourg lui firent un accueil doux et consolant. »

intrépidité contre les attaques du comte qui était parvenu à bloquer la place, où les vivres ne pouvaient plus arriver, et qui était livrée à toutes les horreurs de la famine. Prévenu que des secours arrivaient pour soutenir les assiégés, le comte de Ligny dégarnit ses lignes pour aller au devant de ses nouveaux combattants; c'est alors que les habitants de Compiègne en profitèrent pour faire des sorties, et après plusieurs combats opiniâtres, les soldats anglais et les Bourguignons, effrayés, quittèrent leurs postes pendant la nuit. Force fut au comte de Ligny d'abandonner le siége, en laissant dans les bastilles élevées par ses soins, toutes ses munitions de guerre, et la belle artillerie du duc de Bourgogne.

Louis de Luxembourg avait quinze ans quand il succéda à son oncle Jean II, dans le comté de Ligny. Il épousa Jeanne de Bar, fille unique de Robert, comte de Marle et de Soissons. Louis fit alors ses reprises et fournit son dénombrement au duc de Lorraine, à cause de son duché de Bar. Cette formalité de vasselage rendue au suzerain fut continuée depuis par tous ses successeurs jusqu'en 1703, qu'elle fut accomplie par Charles-Frédéric de Montmorency-Luxembourg, qui vendit le comté de Ligny au duc Léopold.

Depuis longtemps déjà des tiraillements existaient entre les officiers de René, roi de Jérusalem et de Sicile, duc de Lorraine et de Bar, et ceux du comte de Ligny, au sujet de leurs droits respectifs dans le comté de Ligny. Pour régler ces droits et éviter toutes constestations à l'avenir, un concordat fut arrêté et signé entre les députés des deux princes (1), réunis au château de Bar le 29 septembre 1460. Par ce traité, qui fut approuvé par le roi René, à Aix,

(1) Les conseillers enquêteurs étaient : 1° pour le roi René : « Jean de » Veroil, licencié ez loix, cons[or] du Roy notre sire, lieutenant de mon- » sieur le Bailly de Vitri; Jean Vernodi, licencié ez loix, avocat; Jeannot » Merlin, président en la chambre des comptes de Bar, et Jean Lameri, li- » cencié ez loix, » conseillers du duc de Bar; « 2° pour le comte de Ligny : » Jean de la Daiéche, docteur ez loix et ez arts; Jean Jonglet; Tasse de » Brinhamel, et Robert Bodinart, licencié ez loix, » conseillers du comte de Saint-Paul. — Etaient présents et ont signé ce concordat : Edouard de la Mothe, procureur général du duché de Bar; Jean de la Mothe, procureur

le 8 janvier 1461, il fut convenu que les *aubains* s'acquéraient après un an et un jour de résidence (1); que le duc de Bar avait droit de suite et de retenue chez les hommes allant prendre résidence chez ses vassaux; que la prescription n'avait pas lieu au profit des vassaux comme pour Son Altesse, qui devait posséder les accrues là où il était haut justicier; qu'il avait aussi le droit de bâtardise et de garenne; que le fruit devait suivre le ventre; — que le comte de Ligny gagne les épaves venant d'autres seigneuries pour aller se fixer dans son comté; — que le haut justicier acquiert l'étranger qui contracte dans sa terre; — que le roi de Sicile, duc de Bar, sera et demeurera haut justicier, moyen et bas, seul et pour le tout de la ville, ban, et finage et territoire de Longeau, et à cette cause en aura acquisition des épaves et aubaines, etc., « avec les droits, profits et émoluments desd. justices appartenans. » — Que « le comte de Ligny sera et demeurera haut justicier seul et pour le tout de la forte-maison, terres, bois, prez, et héritages situez audit Longeau et au finage d'icelluy, mouvans et tenus en fief dudit comté, d'ancienneté, à cause de sa comté, et en iceux appartiendront audit comte toutes amendes, épaves, etc... » — Que le roi de Sicile, duc de Bar, sera et demeurera, à Tronville comme à Longeau, haut justicier, moyen et bas, etc.; et que le comte de Ligny sera et demeurera haut justicier seul, de tout le moulin, bief, rivière et des bois dudit Tronville, etc., et qu'il pourra avoir, comme le duc de Bar, maire et sergent tenant siége de justice sur les héritages de ses hommes, etc... —

fiscal du comté de Ligny; « frère Postier; Deny du Parc, de Bar; messire » Demenge de Mircourt, doyen de Bar; messire Vautrin Durand; Demenge » Lubin; Thiery Herot, presbtre chanoine de Bar; Louis de Florainville, » bailly dud. Bar; François de Ruvigny, escuyer; Jean Thiéron, Jean de » Neyves, Jean-Aubert Piéresson, Burlé Benoist, de Boze, auditeurs des » comptes aud. Bar; Jean de Barbonne, receveur; Jacquemin Antreost, » prevost; Didier, maire; Pierre de Combour, gruyer dud. Bar; Simonnet » Hugot, receveur de Ligny, et Jacob Lallemand, clerc juré dud. Ligny.... »

(1) Voir Charles Bonne, *Etude sur la condition des étrangers en France depuis l'origine de la Monarchie jusqu'à nos jours*, broch. in-8°, Bar-le-Duc, 1880, p. 35.

Qu'au lieu de Givrauval, le duc et le comte, conjointement ensemble, sont et seront bas justiciers du ban, finage et territoire dudit Givrauval, « et aura chacun d'eux son mayeur; lesquels mayeurs, conjointement ensemble, connaîtront et auront juridiction de toutes actions réelles et foncières, et seront toutes amendes qui en ysseront communes auxdits deux seigneurs, et se partageront par moitié en égale portion. » Qu'au regard de la haute justice, elle appartiendra au duc, et le comte de Ligny sera et demeurera justicier sur tous ses hommes et femmes qui seront audit Givrauval. — Que le duc sera haut justicier, moyen et bas à Villers-le-Sec; mais que le comte de Ligny y aura aussi sa mairie et sa justice, « ainsy et comme il a accoutumé. » — Qu'à Sallemagne, le duc de Bar sera, de même qu'à Longeau, haut justicier; et que le comte aura la haute justice, moyenne et basse en la forte-maison, prés, héritages, bois, fours, pressoirs, etc. — Même convention pour Dagonville que pour Villers-le-Sec. — Que le droit de retenue des sujets du bailliage de Gondrecourt domiciliés dans le comté de Ligny n'aura lieu. — Que le droit de retenue des aubains acquis au comte a lieu ès villages de la prévôté de Bar. — Que pour contracter domicile, la simple résidence ne suffira pas; qu'il faut être chef de famille. — Que le duc est seigneur direct et souverain de Ligny.

Comme on le voit encore par les termes mêmes de cette convention, le comte de Ligny reconnaissait de nouveau le duc de Bar pour son suzerain.

Après le décès de Jeanne de Bar, pour se rendre favorable le comte de Ligny et de Saint-Paul, qui venait de faire alliance avec le comte de Charollais, et pour l'attacher à son service, le roi Louis XI lui donna l'épée de connétable de France (1), et lui fit épouser, en 1466, Marie de Savoie, sœur germaine de Charlotte de Savoie, son épouse, toutes deux filles de Louis, duc de Savoie : ce qui le rendait beau-frère

(1) *Histoire de la maison de Luxembourg*, loc. cit., p. 630, 631.

de Louis XI. Le contrat de ce mariage fut passé le 1er août de ladite année. Nous en donnons, d'après Vigner, les passages les plus saillants.

1° Le roi donnait à Louis de Luxembourg le comté de Guise, Noyon en Thiérache et leurs appartenances; 2° S. M. ne pouvant disposer du comté de Noyon, baillait aux époux 60,000 écus en trois ans, à commencer du jour des épousailles, lesquels devaient être employés en terres propres pour l'épouse; 3° si celle-ci prédécédait sans enfants, l'époux jouissait sa vie durant de l'emploi, retournait après son décès, sauf un quart qui demeurait à tel sien héritier que le mari aurait choisi; 4° le roi, pour avantager le mariage, donnait au connétable 40,000 écus, à payer en trois termes de huit en huit mois; 5° si le comte d'Eu venait à décéder sans hoirs de lui, le roi leur donnerait le même comté, sauf audit comté à retourner à la couronne, s'ils n'avaient point d'enfants; 6° s'il advenait des enfants, le connétable devait leur délivrer Ligny et ses autres terres du Barrois. — Ce contrat fut de nouveau confirmé par lettres patentes données à Montargis, le 14 du même mois d'août.

L'année suivante, 1467, le duc Philippe de Bourgogne étant venu à mourir, les Liégeois se soulevèrent contre le comte de Charollais, son fils, qui venait de prendre le titre de duc de Bourgogne. Charles mit aussitôt une armée sur pied pour faire rentrer les révoltés sous son obéissance. Louis XI, qui comptait faire tourner à son profit ce soulèvement, et abaisser l'orgueil et la puissance du Téméraire, envoya le comte de Ligny près de Charles, pour lui signifier que, les Liégeois étant ses alliés, il leur prêterait secours s'il marchait contre eux. En 1468, le connétable fut encore chargé d'un nouveau message près du duc de Bourgogne; il accompagna ensuite le roi à Péronne, où il se rendait près de Charles, et où il faillit être retenu prisonnier par son vassal; mais Louis sut se tirer habilement de cette position critique en concluant un traité avec lui.

Lors de l'institution de l'ordre royal de Saint-Michel, par Louis XI, en 1469, Louis de Luxembourg fut nommé le troisième entre les premiers qui furent admis dans cet ordre; de plus, le roi lui octroya, peu de temps après, le comté d'Eu (le comte d'Eu étant décédé), suivant la promesse qu'il lui en avait faite par son contrat de mariage, et malgré l'opposition apportée par le frère du comte d'Eu, qui dut attendre la mort du connétable pour rentrer en jouissance d'un héritage qui lui était acquis.

Le sire de Luxembourg, comblé des faveurs du roi, secondait de tout son pouvoir les projets de son beau-frère, et s'était emparé de plusieurs villes importantes sur le duc de Bourgogne (1). Devenu tout-puissant dans le royaume de France, il fut jalousé de Louis et haï de Charles le Téméraire qu'il avait humilié. Les deux princes décidèrent alors de se débarrasser de lui, et firent entre eux un traité dans lequel ils déclaraient le connétable leur ennemi, avec l'engagement que le premier des deux qui pourrait s'en emparer, le ferait mettre à mort dans les huit jours, ou l'enverrait à son traitant pour en faire à son bon plaisir. Louis de Luxembourg, avec la haine des deux despotes sur la tête, était donc condamné à l'avance, avant même d'avoir été entendu et jugé par le Parlement ou par les pairs.

Averti de ce qui se tramait contre sa personne, le connétable voulut se rendre près de Charles. Il envoya à cet effet près du duc de Bourgogne un de ses affidés pour supplier ce prince de lui donner un sauf-conduit, avec lequel il se rendit à Mont en Hainaut. Pendant le séjour que le comte de Ligny fit en cette ville, le roi Louis XI se « saisit de Saint-Quentin » et poursuivit si chaudement le duc de Bourgogne, à ce qu'il » satisfeist au contenu du traicté dernier passé entre eux,

(1) Anquetil, *Hist. de France*, 1833, in-8°, t. III, p. 379, rapporte que le plus adroit et le plus dangereux des ennemis de Louis XI, « était le comte de Saint-Pol, aîné de la maison impériale de Luxembourg, parent du duc Charles de Bourgogne, et comblé par lui de biens, ainsi que toute sa famille, dont la majeure partie était au service du duc, » et que « c'était à la recommandation de ce prince que le roi lui avait donné l'épée de connétable de France. » Mais ayant enlevé au duc, de concert avec Chabannes, les villes de Saint-Quentin et d'Amiens, le Téméraire voua au connétable une haine furieuse.

» qu'il commanda à son chancelier, et au seigneur d'Imber-
» court, ennemis du connestable, de le livrer entre les mains
» du roy contre la seureté qui lui avoit été donnée. »

Sur ces injonctions du roi de France, le connétable fut arrêté et mené à Paris sur la fin du mois de novembre 1475. Le 19 décembre suivant, son procès, où on lui avait donné pour juges ses plus mortels ennemis, ayant été fait extraordinairement, il fut exécuté à mort, et ses biens confisqués par sentence des commissaires choisis à ce faire par le roi, qui donna ensuite le comté de Ligny, ainsi que les terres appartenant au comte de Saint-Paul dans le Barrois, à Georges de la Trémouille, seigneur de Craon, qui en jouit sa vie durant; mais ce dernier étant mort sans enfants, en 1481, le roi en fit don à Louis, bâtard de Bourbon, celui-là même à qui le connétable avait été donné en garde pour être transporté à Paris, et enfermé au Louvre. Mais en 1487, Charles VIII, fils et successeur de Louis XI, rendit les biens de la maison de Luxembourg à Marie et à Françoise, héritières du nom.

Commines, dans ses Mémoires, dit que le duc de Bourgogne eut des remords d'avoir livré le comte de Saint-Paul à Louis XI, et que ce monarque se faisait conscience de sa mort; en tout cas, il est un fait incontestable, c'est que le connétable mourut victime de ses ennemis, qui se jetèrent comme des vautours sur ses terres après les avoir obtenues du roi par circonvenance.

La même année 1475, Louis XI s'était aussi emparé du Barrois, et il avait obligé les habitants de ce duché à relever leurs appels au Parlement de Paris; mais l'année suivante, il rendit le duché au duc René II, et les habitants continuèrent à porter comme auparavant leurs appellations aux Grands-Jours de Saint-Mihiel, ou à la Chambre impériale, qui, avant la transaction de Nüremberg de l'an 1542, prenait connaissance des causes du Barrois par appel, comme de celles du duché de Lorraine : ce qui se prouve par les matricules de l'empire et notamment par celles que l'empereur Frédéric III fit réformer et dresser en 1471.

Du mariage de Louis de Luxembourg et de Jeanne de Bar

sont nés : 1° Jean de Luxembourg, comte de Marle et de Soissons, fait chevalier de la Toison-d'Or en 1468, puis gouverneur de Bourgogne; il fut tué à la bataille de Morat, livrée le 22 juin 1476, par les Suisses, contre Charles le Téméraire; — 2° Pierre II, comte de Brienne, qui succéda à son père dans le titre de comte de Ligny; — 3° Antoine, comte de Roussy, qui succéda à Pierre II; — 4° Charles, évêque de Laon, duc et pair de France, mort en 1509; — 5° Jacqueline, mariée à Philippe de Crouy, comte de Porcien; — 6° Hélène, mariée au seigneur de Fiennes; — 7° Philippe, abbesse du Pont. — De son mariage avec Marie de Savoie sont nés : 1° Louis, prince d'Altemure, comte de Ligny, etc., né en 1467, mort en 1503; — 2° Jeanne, abbesse à Gand.

A Louis de Luxembourg devait succéder Pierre II, comte de Marle et de Soissons, etc., son second fils, devenu héritier de ses titres après la mort de son frère aîné; mais comme il avait pris le parti de Bourgogne, il ne jouit en aucune façon des biens de son père, malgré le traité conclu entre l'archiduc Maximilien d'Autriche et le roi Louis XI, qui avait donné au maréchal de Gié la plupart des seigneuries devant lui revenir du chef de sa mère.

Pierre fut fait chevalier de la Toison-d'Or en même temps que Jacques de Luxembourg son cousin, par Marie, duchesse de Bourgogne, dans le premier chapitre tenu par elle, comme chef de l'ordre, en 1478, après la mort de Charles le Téméraire, son père, tué sous les murs de Nancy, le 6 janvier 1477. Il mourut, croit-on, en 1482.

Pierre II avait épousé Marguerite de Savoie, fille aînée de Louis, duc de Savoie, et d'Anne de Chypre, veuve de Jean Paléologue, marquis de Montferrat, qui mourut à Bruges en 1483. Il eut de cette alliance : 1° Louis, Claude et Antoine, morts jeunes; — 2° Marie et Françoise, rétablies dans les biens de la maison de Luxembourg, par déclaration de Charles VIII, faite à Ancenis en juillet 1487.

Marie de Luxembourg épousa en premières noces Jacques de Savoie, comte de Romont, son oncle, qui mourut, d'après Vigner, vers l'an 1485; et en secondes noces, le 8 septembre 1487, François de Bourbon, comte de Vendôme, bisaïeul de Henri IV. Elle mourut le 1er avril 1546.

Françoise épousa Philippe, seigneur de Ravestein, frère du duc de Clèves.

Par une ordonnance rendue le 15 juin 1490, René II, roi de Sicile, duc de Lorraine et de Bar, avait fait défense d'user de sels, autres que ceux de ses salines, dans toute l'étendue de ses États, et avait ordonné aux gouverneurs et officiers du comté de Ligny, spécialement dénommés, d'avoir à se conformer à cette ordonnance, sous peine d'encourir les punitions édictées contre les contrevenants (1). En agissant ainsi, le duc de Lorraine entendait user pleinement des droits régaliens dans toute l'étendue du comté de Ligny : droits qui lui furent contestés et qui le seront encore dans la suite par les ducs de Luxembourg.

Peu après la mort de Pierre II et de Louis XI, Charles VIII donna une déclaration qui réhabilitait tous les Français qui avaient pris le parti du duc de Bourgogne contre leur souverain, et qui les faisait rentrer dans leurs biens, honneurs et priviléges, et principalement Marie et Françoise de Luxembourg, petites-filles du connétable. Tous ceux qui possédaient des seigneuries ayant appartenu à ce dernier firent une opposition à cette restitution, dont l'exécution demeura longtemps en surséance. Après la mort du comte de Romont, son oncle, qu'elle avait épousé, Marie prit en secondes noces, comme nous l'avons vu, François de Bourbon, comte de Vendôme, et elle obtint alors du roi Charles VIII une déclaration en vertu de laquelle elle et sa sœur Françoise jouiraient en paix, non-seulement des biens qui leur appartenaient en France du chef de Jeanne de Bar, leur aïeule, mais encore de tout ce qui avait appartenu au connétable de Saint-Paul et à ses enfants (2).

A Pierre II succéda, dans le comté de Ligny, Antoine de

(1) *Réponse des envoyés de Lorraine à un Mémoire de la duchesse de Luxembourg.* Archives de la Meuse. B. 3040, p. 19.

(2) Vigner, *loc. cit.*, p. 751-756.

Luxembourg, comte de Brienne, etc., chambellan de Louis XII, dont il fut l'un des favoris, et qui le rétablit dans ses biens par une déclaration du 24 mai 1504 (1).

Nous avons déjà vu les tentatives faites par les comtes de Luxembourg, pour s'affranchir des droits de suzeraineté exercés sur eux par les ducs de Lorraine et de Bar, pour leurs ville, château, châtellenie, comté et prévôté de Ligny. Par un arrêt rendu au Parlement de Paris, le 21 juillet 1508, le comte de Ligny, qui avait demandé que le duc de Bar fût condamné envers lui à vingt mille écus d'or de dommages-intérêts, en soutenant que son comté n'était pas un fief dépendant du Barrois, mais qu'il était sous le ressort et la souveraineté du roi de France, et faisait partie dudit royaume, fut débouté de ses prétentions, parce que les vassaux du duché de Bar n'étaient point tenus de comparaître à la convocation des bans et arrière-bans du royaume; que ses sujets n'étaient tenus d'y payer aucuns subsides, et que tous les droits de régale et de souveraineté, dans toute l'étendue de ces terres, avaient été conservés au duc de Bar par les concordats intervenus entre lui et le roi de France (2).

Cependant le comté de Ligny jouissait de certaines franchises, qui furent confirmées par un arrêt du même Parlement de Paris, en date du 1er septembre 1500, lequel fait défense au duc de Bar de rien attenter de contraire, à peine de cent marcs d'or d'amende. Il existe encore d'autres chartes qui confirment les mêmes franchises, entre autres, une de 1518 et une de 1541. Par lettres du 23 décembre 1553, Henri II, roi de France, exempta ledit comté de la contribution aux subsides destinés à la solde de 50,000 hommes campés dans les duchés de Lorraine et de Bar. Une patente du bailliage de Bar, du 7 juillet 1570, déchargeait de la taille les sujets du comté de Ligny qui avaient leur domicile à Bar; et Charles IX fit encore une exemption semblable à celle de Henri II, par lettre écrite à M. de Saint-Pouange,

(1) Cette pièce a été publiée par Vigner, dans l'histoire citée, p. 798.

(2) Archives de la Meuse, B. 3042. Arrêt....., p. 22, 23.

le 4 novembre 1572, sur la requête du duc de Lorraine (1).

Le 15 mars 1515, Antoine fit une donation entre vifs, de la terre de Ligny, à Charles son fils, à charge par ce dernier de donner à la princesse d'Orange, aussi sa fille, 20,000 livres tournois qui lui avaient été promises en mariage.

Antoine de Luxembourg, comte de Ligny, mourut en 1519 et fut inhumé en l'église du Mans, où il avait choisi sa sépulture. Il avait eu trois femmes : 1° Antoinette de Beauffremont, fille unique de Pierre, comte de Charny, laquelle lui donna une fille, Philiberte de Luxembourg; — 2° Françoise de Crouy, fille de Charles, prince de Chimay, dont il eut deux fils : Claude et Charles; — 3° Gillette de Coitivy ou Cotigny, morte en 1510.

Charles fils d'Antoine et de Françoise de Crouy, succéda à son père dans le comté de Ligny. Il ajouta a ses grands biens ceux qui provenaient du chef de sa femme, Élisabeth d'Estouteville, et prit les titres de comte de Brienne, de Ligny et de Roussy, baron de Garennes, d'Épinay, Warneston, Ghistelles, Pougy, Rameru, Piney, Machaut et Baine. Il fut chevalier de l'ordre du roi, capitaine de cinquante hommes d'armes de ses ordonnances, et lieutenant général en Picardie, puis gouverneur de Paris et de l'Ile-de-France. Il assista à la bataille de Pavie, où il fut fait prisonnier avec François Ier, le 24 février 1525. Cette même année, il avait condamné à mort un homme d'armes qui avait fait outrage à un commissaire des guerres. Suivant un auteur, il transporta les droits qu'il avait sur le duché de Luxembourg à Robert de la Marck, seigneur de Florenges.

En 1529, les fonctions de gouverneur et capitaine général du comté de Ligny étaient confiées à Antoine de Luxembourg, bâtard de Brienne. Son successeur fut Etienne, bâtard de Ligny, seigneur de Bettancourt, Braulx, etc.

(1) Un concordat du 28 septembre 1569, qui avait été passé entre Charles IX et le duc de Lorraine, réservait à ce dernier la suzeraineté du comté de Ligny, lequel comté était exempté des impositions dont l'avait frappé les officiers du roi. Deux concordats, relativement aux privilèges des comtes de Ligny, furent encore passés les 11 octobre 1576 et 19 novembre 1596.

Charles mourut en 1530. De son mariage avec Elisabeth d'Estouteville, il eut huit enfants, savoir : 1° Antoine II, qui suit; — 2° Louis, comte de Roussy, baron de Saint-Martin, etc., mort sans postérité; — 3° Jean, abbé de Ligny-en-Launois, Saint-Maur et Moustier-la-Celle; — 4° Claude ou Georges, mort en bas âge; — 5° Gillette, femme de François de Vienne, seigneur de Ruffy; — 6° Françoise, mariée en premières noces à Bernard, marquis de Baden, et en secondes noces à Adolphe de Nassau; — 7° Antoinette, abbesse d'Yerre; — 8° Marie, abbesse de Notre-Dame-aux-Nonnains de Troyes.

Antoine II, comte de Brienne, baron de Rameru et de Piney, etc., succéda à son père Charles, dans le comté de Ligny, en 1530. Comme lui, il fut capitaine de cinquante hommes d'armes des ordonnances du roi, et colonel des légions de Brie et de Champagne. François I^er^ lui fit visite en 1542, et c'est de Ligny, disent plusieurs biographes, que ce monarque envoya défier l'empereur Charles-Quint, et qu'il mit deux armées en campagne. L'une de ces armées, commandée par le duc d'Orléans, avait pour lieutenant général Claude de Guise, qui se rendit maître de Damvillers, Ivoy, Arlon, Virton, Montmédy et Luxembourg; mais le duc d'Orléans s'étant dirigé vers le Roussillon avec une partie de ses troupes, le duc de Guise se vit réduit à des forces trop faibles pour résister à René de Nassau, prince d'Orange et gendre du bon duc Antoine, et dans la nécessité d'abandonner toutes ses conquêtes, à l'exception d'Ivoy. Peu après, et par un effort, le duc de Guise reprit la forteresse de Montmédy, et termina, par ce fait d'armes, la pénible campagne de 1542.

François I^er^, qui avait étudié la position de Ligny, voulut en faire une place forte pour arrêter les Impériaux. En conséquence, le 5 mai 1544, il écrivit à Antoine de Luxembourg, que, pour éviter à son comté les désagréments de la guerre, il n'avait rien de mieux à faire que de s'emparer de la ville de Ligny pour la fortifier, et de lui donner en échange la terre de Nully-Saint-Pont.

Cela fait, le château reçut une garnison française; mais le

2 juillet suivant, la ville, attaquée par les troupes de Charles-Quint, fut pillée et saccagée. Le château était défendu par Antoine, aidé du comte de Roussy, son frère, des sieurs d'Eschenais et de Gonsoles, avec plusieurs capitaines, 1,500 hommes de pied et 50 gendarmes. L'artillerie le foudroya et parvint à faire une forte brèche. Antoine, se voyant dans l'impossibilité de tenir plus longtemps, se décida à capituler; mais il avait si mal pris ses mesures, que, pendant qu'il parlementait, le château fut forcé par les Impériaux, qui firent mettre bas les armes à la garnison, laquelle fut envoyée prisonnière à l'empereur, occupé au siége de Metz. Quant aux chefs, ils furent conduits en France, où ils restèrent jusqu'à la fin des hostilités.

Après la prise du château, Charles-Quint retint prisonnière la vénérable duchesse Marguerite de Savoie, qui avait épousé Antoine de Luxembourg, en 1535, sous les auspices de François I<sup>er</sup>; il la fit enfermer au-dessus de la chambre où était né Pierre, cardinal-évêque de Metz, et que l'on nomma, depuis cette fatale époque, la *Chambre de Madame.*

L'année suivante (1545), le roi de France ordonna à Dorval, gouverneur de Ligny, de construire un fort à Pilleviteuil (Pillevêtu ou Pilléveteu), lieu situé au-dessus du château, sur l'ancien chemin de Ligny à Toul. On disait alors que c'était pour arrêter les courses des Impériaux dans le Barrois; mais, d'après les documents du temps, nous devons conjecturer que c'était plutôt pour faciliter le dessein qu'avait le roi de France de s'emparer des Trois-Evêchés. Ce fort, situé sur la hauteur qui domine Ligny à l'est, n'a pas subsisté longtemps, et on est même fondé à croire qu'il n'a jamais été terminé : opinion qui paraîtrait confirmée par une ordonnance du roi Henri II, du 19 mars 1557, qui concède les matériaux amenés à pied d'œuvre, et non encore employés, à l'hospice de Ligny, sans toutefois qu'aucune chose soit ou puisse être démolie. De ces anciennes fortifications, quelques vestiges se voient encore aujourd'hui.

A propos de la construction du fort de Pilleviteuil, des remontrances furent faites, en 1546, au gouverneur de Ligny, à l'occasion des corvées qu'il faisait faire aux sujets du duc de Lorraine et de Bar, résidant dans son comté (1).

Antoine II de Luxembourg mourut en 1557. Sont nés de son mariage avec Marguerite de Savoie, fille de René, comte de Tende, grand-maître de France : 1° Jean, son successeur; — 2° François, duc de Piney, qui hérita du comté de Ligny après l'extinction de la première branche; — 3° Antoine, mort à La Rochelle, en 1573; — 4° Henry, mort jeune; — 5° Madeleine, épouse du S[r] de La Chapelle des Ursins.

Jean de Luxembourg, comte de Ligny et de Brienne, capitaine de 50 hommes d'armes des ordonnances du roi, succéda à son père Antoine. Il avait épousé Guillemette de La Marck, fille du duc de Bouillon, qui venait d'embrasser la Réforme. Il fit, avec le comte de Bar, le 26 janvier 1561, un traité où il fut stipulé qu'un nommé Fleury se pourvoirait devant le prévôt de Ligny, pour les excès et mauvais traitements dont il avait, en premier lieu, porté sa plainte aux juges du duc de Bar.

Le 23 novembre 1572, Jean fit avec ses frères, François et Antoine, un partage, avec une substitution réciproque, graduelle et perpétuelle des comtés de Ligny et de Brienne et de la seigneurie de Piney, substitution que revendiquera plus tard Charles de Luxembourg de Béon, pour se substituer chef du nom et des armes de la maison de Luxembourg. Jean mourut le 1er juillet 1576 (2).

Charles II de Luxembourg, fils cadet de Jean, succéda à son père en 1576. Il fut comte de Brienne et de Ligny, chevalier des deux ordres du roi Henri III, de France et de Po-

(1) Archives de la Meuse. B. 551. Compte de Jehan Preudhomme, conseiller du duc, receveur général du duché de Bar.

(2) De son mariage avec Guillemette naquirent cinq enfants, savoir : 1° Antoine, vicomte de Mahaut, mort jeune; — 2° Charles, comte de Brienne et de Ligny; — 3° Diane, épouse du comte de Kaerman en Bretagne; — 4° Louise, mariée en premières noces à Georges d'Amboise, baron de Casaubon, et en secondes noces à Bernard, sieur de Massez, lieutenant du roi en Angoumois, etc.; — 5° Marguerite, morte à l'âge de trois ans, d'après l'inscription d'une petite tombe élevée en pierre en l'église de Brienne. (Vigner, *loc. cit.*, p. 835.)

logne, et capitaine de 50 hommes d'armes de ses ordonnances.

Le duc de Lorraine, Charles III, en 1579, ayant fait procéder à la rédaction de la coutume du bailliage de Bar (1), les trois états assemblés, Marguerite de Savoie, douairière de Ligny, et Guillemette de La Marck, femme de Jean de Luxembourg, au nom et comme ayant la garde noble de Charles, leur fils, comparurent par procureurs; ceux-ci reconnurent le duc de Lorraine et de Bar pour leur seigneur avec le titre de *souverain*, et crurent que le comte de Ligny était assez honoré d'y prendre la qualité de *premier vassal du duché de Bar*, que le baron d'Ancerville lui disputait (2).

A l'âge de vingt ans, Charles de Luxembourg était chargé par le roi de France de surveiller et de harceler le duc de Mayenne, qui cherchait à se rendre maître de la ville de Tours; mais après que le roi se fut mis en sûreté, Charles alla s'enfermer dans le château de Saint-Ouen, où le duc de Mayenne vint l'assiéger, et où il fut fait prisonnier, ayant été obligé de capituler après un siége de deux jours. Le roi étant venu à mourir sans l'avoir échangé contre un personnage de même lignée, il se crut dégagé de ses engagements et suivit alors le parti du duc.

En 1595, nous retrouvons le comte de Ligny en désaccord avec le duc de Lorraine, au sujet des droits de juridiction que ces deux princes prétendaient tous deux leur appartenir : Charles de Luxembourg demandait au duc de Lorraine que l'on mît surséance aux poursuites de toutes les difficultés qui existaient entre eux, tant au bailliage de Bar, qu'au Parlement de Paris. Le duc y répondit par une lettre du 19 juillet.

(1) Avant la rédaction de la coutume de Bar, le Barrois et le comté de Ligny étaient régis par la coutume de Sens. Les archives de la Meuse possèdent un arrêt confirmatif d'une sentence de ce bailliage, qui condamne le duc de Lorraine à rétablir le pilier et le collier du carcan de la ville de Ligny, avec amende pour l'avoir fait détruire.

(2) Archives de la Meuse, B. 3040. *Mémoire pour le duc de Lorraine*, in-fo de 24 p., p. 7.

Il y a apparence que cette surséance fut heureusement suivie d'un accommodement sur toutes leurs difficultés, qui se terminèrent par le règlement du 19 septembre 1596 (1).

Charles avait épousé, en 1583, Anne de La Vallette, sœur du duc d'Épernon. Il mourut le 18 avril 1608, dans sa 39e année, sans laisser d'enfants. En lui, s'est éteinte la première branche des comtes de Ligny, et le comté échut à FRANÇOIS II de Luxembourg, second fils d'Antoine II, qui avait embrassé la carrière des armes, où il s'est acquis de la gloire.

François accompagna le duc d'Anjou au siége de la Charité, puis au siége d'Issoire, où il monta l'un des premiers à l'assaut. Pour sa belle conduite à Issoire, le roi érigea la baronnie de Piney en duché, le fit chevalier de ses deux ordres et capitaine de 50 hommes d'armes de ses ordonnances. En 1575, il se trouva à la rencontre de Dormans, où le duc de Guise reçut la blessure qui lui valut le glorieux surnom de *Balafré*. En 1581, son duché de Piney fut érigé en *pairie* par lettres vérifiées en Parlement (2). En 1587, François de Luxembourg battit les reîtres au passage de la Moselle, à Pont-Saint-Vincent en Lorraine, lorsque les réformés envahirent l'Alsace, la Lorraine et le Barrois.

L'année précédente, le roi l'avait envoyé en ambassade près du pape Sixte-Quint, qui lui rendit les plus grands honneurs. A son retour de Rome, passant par Venise, il fut confirmé gentilhomme de cette opulente république, ainsi que l'avait été Louis de Luxembourg, fils du connétable de Saint-Paul en 1499. Il fut un des hommes influents qui, en 1589, engagèrent Henri IV à abjurer la religion réformée, afin de pouvoir monter sur le trône de France. Il fit de nouveau le voyage de Rome pour informer le Souverain Pontife de la résolution prise par le Béarnais de se faire instruire dans la religion catholique romaine, et ne rentra en France

(1) *Réponse des envoyés de Lorraine à un Mémoire de la duchesse de Luxembourg*. Archives de la Meuse, B. 3040, p. 18.

(2) Ces lettres ont été publiées par le continuateur de Vigner, *Hist. de la maison de Luxembourg*, in-4°, 1619, p. 845-851. Elles font connaître les alliances de cette maison.

qu'en 1590, après un séjour de sept mois dans la Ville éternelle.

Forcé de retourner une troisième fois à Rome pour rendre au Pape, au nom du roi, l'obéissance que celui-ci lui devait comme chef souverain de l'Église visible et représentant de Jésus-Christ sur la terre, François termina son ambassade par la négociation du mariage de Henri IV avec Marie de Médicis.

Le duc de Luxembourg mourut au château de Pougy, le 30 septembre 1613. De son mariage avec Diane de Lorraine, fille de Claude de Guise, sa première femme, il eut six enfants, savoir : 1° Henri, prince de Tingry; — 2° Antoinette, morte le 12 juillet 1596; — 3° Louise, abbesse de Notre-Dame de Troyes, morte en 1602; — 4° Marguerite, mariée à René Potier, comte de Tresmes; — 5° Françoise, née le 15 décembre 1583, morte le lendemain; — 6° Gabrielle, décédée en bas âge; — et de sa seconde femme, Marguerite, fille de Nicolas, comte de Vaudémont, veuve du duc de Joyeuse, il eut une fille nommée Françoise, qui fut tuée, à l'âge de deux ans, de la chute d'une pomme détachée d'un ciel de lit qui lui tomba sur la tête pendant qu'elle jouait.

Henri de Luxembourg succéda à son père François. Avec ce prince va s'éteindre la branche directe des Luxembourg-Ligny. Après de longs siècles de succession, de mâle en mâle, cette illustre maison va tomber en quenouille, et passer en la maison des Montmorency.

Aux titres qu'il héritait de son père, Henri ajouta ceux de sa femme, et s'intitula : duc de Luxembourg et de Piney, pair de France, prince de Tingry, comte de Brienne, Ligny, Roussy et Rosney, souverain d'Aigremont, baron des baronnies de Wendœuvre, Thoré, Montbron, Angu, Savoisy, Macy, Rameru, la Tourote, Saint-Martin d'Ablois, Liencourt, Bellencourt, Château-neuf, Gandelu, Fay, Saint-Pierre en Artois, et capitaine de 100 hommes d'armes des anciennes ordonnances du roi.

En 1597, il avait contracté mariage avec Madeleine de

Montmorency, et peu après il se rendit au siége d'Ostende, ville située sur la mer du Nord. Après la guerre, comme il avait le goût de l'étude, il demanda et obtint du roi Henri IV la permission de voyager : il visita alors les principales cours de l'Europe, où il reçut l'accueil le plus favorable. Rentré en France au milieu des troubles, il se retira près de son père, en Champagne. Après la mort de ce dernier, il prit le parti de Henri de Bourbon, prince de Condé, issu aussi de la maison de Luxembourg, qui s'était mis à la tête des mécontents pour renverser les favoris qui gouvernaient la reine et le royaume pendant la minorité du jeune roi Louis XIII.

Henri, qui avait été chargé, avec le duc de Mayenne, de négocier le mariage du roi avec Anne d'Autriche, infante d'Espagne, mourut de la peste à Gergeau, le 23 mai 1616, au moment où le prince de Condé, qu'il avait suivi sur plusieurs champs de bataille, négociait les conditions pour faire rentrer les mécontents au service du roi. Il avait à peine 34 ans. Son corps fut ramené à Ligny, et inhumé le 5 juin dans l'église des Cordeliers, près de celui de sa femme, Madeleine de Montmorency, de laquelle il eut deux filles : Marie-Charlotte, née le 19 janvier 1607, et Marie-Liesse, née le 2 avril 1611. Il laissa aussi un bâtard : Antoine de Luxembourg, auquel il légua quinze cents livres de rente par son testament fait au château de Thoré, le 1er octobre 1615.

Après la mort de Henri de Luxembourg, le roi de France donna ordre au chevalier des Réaux, lieutenant, et Tancret, exempt de ses gardes, de se rendre à Ligny, et de ramener à Paris les deux héritières de Henri. Pendant le voyage, les deux orphelines eurent pour escorte la compagnie de chevau-légers du duc de Vendôme, celle du chevalier son frère et une partie de celle qu'avait commandée leur père. Arrivées le 20 juin à Paris, elles furent logées au Louvre, où la reine donna ordre de les faire élever avec les filles de France. Par son testament, leur père les avaient recommandées au prince de Condé; le roi leur donna pour tuteur messire Jacques Vigner, son conseiller en ses conseils d'État et privé.

On donna pour époux à l'aînée, Charlotte-Marguerite,

Charles-Henri de Clermont-Tonnerre (1), qui fut substitué dans le nom et les armes pleines de Luxembourg, à défaut de descendant direct mâle (2); et la cadette, Marie-Liesse (3), épousa Henri de Lévis, duc de Ventadour, qui mourut sans laisser d'enfants.

Du mariage de Charlotte-Marguerite avec le comte de Clermont-Tonnerre, naquit Madeleine-Charlotte-Bonne-Thérèse, qui épousa, le 17 mars 1661, Henri-François de Montmorency, né en 1628. Celui-ci fit ses premières armes sous le grand Condé et commanda en chef pendant la célèbre campagne de Hollande. En 1690, il gagna la victoire de Fleurus; l'année suivante, celle de Steinkerque, et en 1693 celle de Nerwinde. Créé maréchal de France, il mourut en 1695, en laissant pour successeur, dans le comté de Ligny, son fils aîné, Charles-François-Frédéric de Montmorency (4), duc de Luxembourg, prince de Tingry, pair de France, gouverneur de Normandie, lieutenant général des armées du roi, qui vendit le comté de Ligny au duc Léopold.

Mais avant d'arriver au fait de cette vente, nous devons reprendre le récit des événements qui ont suivi l'arrivée des filles de Charles de Luxembourg à la cour de France.

En 1620, quatre ans après le décès de Charles-Henri de Clermont-Tonnerre, Henri II, duc de Lorraine, en qualité de seigneur suzerain, envoya à Ligny des troupes pour y tenir garnison. Charles IV, son successeur médiat, ayant non-seulement refusé d'accueillir les avances faites par Richelieu, en

(1) Tonnerre portait pour armoiries : *de gueules, à une bande d'or.*

(2) Cette clause se trouve insérée dans le testament de Henri : « S'il » advenoit que Marguerite ma fille morist sans hoir de son corps, ou li hoir » de son corps morist sans hoir, d'hoir en hoir, Liney et ses appendices re- » venron au S. de Bar, etc. » Voyez Vigner, *Histoire de la maison de Luxembourg*, in-4°, 1619, p. 905.

(3) Ce nom lui avait été donné au baptême en suite d'un vœu que fit sa mère, étant grosse, d'entreprendre le voyage de Liesse, aussitôt après sa délivrance.

(4) Les autres enfants de Henri-François de Montmorency sont : 1° Henri, abbé de Montier-Ramey; — 2° Paul-Sigismond, comte de Ligny; — 3° Christine-Louis, chevalier de Luxembourg; — 4° Angélique-Cunégonde.

1626, mais encore contrecarré les vues de cet homme de génie, attira toutes sortes de malheurs sur son petit État, qui fut saisi au nom du roi de France, et toutes les villes de quelque peu d'importance furent occupées par ses troupes. Richelieu (1642) et Louis XIII (1643) descendus dans le tombeau, les destinées de la France furent remises entre les mains d'un favori étranger, sous la régence d'Anne d'Autriche. Les princes du sang se liguent, en 1649, et *frondent* le pouvoir royal. Le bouillant Charles IV saisit cette occasion pour se déclarer pour le parti des princes, et cherche à reconquérir ses duchés. En 1650, le comte de Ligniville, son lieutenant, vint mettre le siége devant Châtel-sur-Moselle, et l'emporta, après quatre jours, sur Vély, qui y commandait pour la France. Il attaque et reprend ensuite les villes d'Épinal, Mirecourt, Neufchâteau, Commercy, Ligny, Bar-le-Duc, ainsi que les châteaux de Void, d'Haroué, de Tonnoy et de Savigny, qui ne firent que peu de résistance.

Deux ans après (1652), le cardinal Mazarin, qui ne pouvait pardonner à Charles IV d'avoir traité avec les princes, ordonna au marquis de La Ferté d'aller assiéger les places du Barrois reprises et occupées par les Lorrains. Après s'être rendu maître, au commencement de décembre, de la ville de Ligny, il la livra au pillage de ses soldats, qui y vécurent à discrétion pendant trois semaines, et alla mettre le siége devant Bar : la ville basse fut prise par assaut et la ville haute capitula (1). Le marquis retourna ensuite assiéger le château de Ligny, défendu par trois régiments d'infanterie lorraine, commandés par les colonels Verduysant, de Silly et Musy, qui résistèrent avec une grande bravoure jusqu'à ce qu'ils furent contraints de capituler, le 24 décembre, veille de Noël (2). Ce siége faillit coûter la vie au maréchal de La

(1) C'est à la suite de ce fait d'armes que le marquis de La Ferté fut promu au maréchalat.

(2) Registre capitulaire de Ligny, manuscrit. — Le 23 juin 1821, on trouva dans la terre, et sous les décombres d'une maison de cette ville, un pot contenant 400 pièces d'argent de plusieurs modules, pesant quatre kilogrammes. Les plus anciennes de ces pièces ne remontaient guère au delà de

Ferté, qui reçut une dangereuse blessure au travers de l'épaule; ce qui l'obligea, après la réduction du château, de se transporter à Nancy pour s'y faire traiter (1).

De nouvelles difficultés s'élevèrent en 1662, entre le duc de Lorraine et le comte de Ligny, au sujet de quelques droits seigneuriaux qui étaient contentieux entre eux dans les villages de Willeroncourt et de Grand-Nançois. La question ayant été jugée au bailliage de Sens en faveur du comte de Ligny, le duc de Lorraine se porta appelant au Parlement de Paris et perdit son procès. Mais ce prince, fort de son droit, ne répondit pas à la sentence du bailliage de Sens.

Par un traité en date du 28 février 1661, le duc de Lorraine devait fournir trois mille pionniers pour travailler à la démolition des fortifications de Nancy ordonnée par Louis XIV; les habitants du comté de Ligny furent taxés pour un certain nombre d'hommes, et ceux qui refusèrent cette corvée y furent contraints par exécution de leurs biens. Pour ces faits, le duc de Luxembourg se pourvut en Parlement, où il obtint, sur requête, un arrêt le 9 août suivant (2). Comme le duc de Lorraine continuait, nonobstant cet arrêt, de prendre au comté de Ligny les ouvriers auxquels il était imposé, le duc de Luxembourg prit une voie plus efficace en ayant recours au roi lui-même, qui donna,

trois siècles : il y en avait 4 de Charles X (a), roi de France, portant pour millésime 1591; les autres étaient de : Charles-Quint, de Louis XII, de Henri II, de Charles IX, de Henri III, de Henri IV, de Louis XIII, de nos ducs de Lorraine et de Bar, d'Albert d'Autriche, etc. Mais ce qui a le plus frappé, ce sont des monnaies de la république de Venise : sur les unes, d'un côté une croix florencée, à l'exergue, le nom du célèbre Léonard Lorédan : au revers, le lion de saint Marc armorié : sur d'autres, l'effigie de saint Marc debout, à ses pieds, un pontife à genoux. On présume que ce petit trésor était enfoui depuis le temps du siége de Ligny par le marquis de La Ferté.

(1) De Maillet, *Mémoire alphabétique*, etc., in-12, 1749, p. 149. — Les annales du Barrois rapportent que le maréchal de La Ferté reçut sa blessure se trouvant sous la halle, ou hangard en bois construit sur la grande place de Ligny, du côté des cours qui conduisent à la rue Sainte-Marguerite; entre la ligne de maisons et ladite halle il n'y avait qu'une rue très-étroite.

(2) Archives de la Meuse, chambre des comptes. B. 3039.

(a) Charles de Bourbon, frère puîné d'Antoine, père de Henri IV, lequel avait été proclamé roi sous le nom de Charles X, par les ligueurs, à la mort de Henri III.

au mois d'octobre, l'ordre à M. Pouanges, son intendant en Lorraine, de ne faire aucune instance pour obliger les habitants du comté de Ligny à fournir ceux auxquels ils avaient été imposés pour travailler.

Le 12 du même mois d'août, le duc de Luxembourg obtint encore un autre arrêt contre le duc de Lorraine (1). Cet arrêt fait connaître que le sieur Mille, exempt des gardes du duc, conduisant une troupe de ces gardes, logea au village de Velaines, dépendant du comté de Ligny : les habitants de cette localité supposant que ces soldats y avaient commis des désordres et des violences, firent dresser procès-verbal contre leur chef.

M. de Luxembourg qui ne songeait, comme avaient fait ses prédécesseurs, qu'à s'affranchir de la suzeraineté du duc de Lorraine, se servit de ce procès-verbal « pour présenter » requête au Parlement..... Il demanda qu'il lui fût permis » d'informer, devant tel juge qu'il lui plairoit commettre, des » faits contenus en sa requête, circonstances et dépendances, » et cependant, que défenses fussent faites au duc de Lorraine » d'envoyer ses gardes ni aucuns gens de guerre faire loge- » ments dans l'étendue du comté de Ligny (2). »

Mais le duc de Lorraine ayant été informé des procédures que le duc de Luxembourg poursuivait, contre les Barrisiens, par devant des commissaires et juges royaux qu'il avait fait nommer par des arrêts sur requête, qu'il prétendait avoir été surpris au Parlement de Paris, même au conseil du roi, s'en plaignit avec amertume à Sa Majesté, en lui exposant que ces poursuites étaient contraires à la disposition des traités et concordats passés entre les rois de France et ses prédécesseurs, suivant lesquels elles ne pouvaient provenir et ne devaient être faites que par les officiers du bailliage de Bar; et en outre, « que M. de Luxembourg oubliant le » respect qu'il lui devoit, » comme son suzerain, « avoit » entrepris, par une requête insoutenable, de faire informer

(1) Archives de la Meuse, chambre des comptes, B. 3040. In-4° de 3 pages.
(2) *Réponse des envoyés de Lorraine*, loc. cit., p. 14.

» par devant Le Gras, prévost de Chaumont, contre le sieur » de Mille, exempt de ses gardes, pour raison de violences » qu'il supposoit qu'il avoit commises en un logement qu'il » avoit fait avec sa compagnie, au village de Vellaine, dépen- » dant du comté de Ligny (1). » Le roi évoqua cette affaire en son conseil, et par arrêt du 16 février 1662, renvoya tous les procès pendants, en première instance, par devant les officiers du bailliage de Bar, et, par appel en définitif, au Parlement de Paris. Cette décision du monarque confirma les droits qu'avait le duc de Lorraine sur le comté de Ligny.

Henri-François de Montmorency, maréchal-duc de Luxembourg, prétendit alors jouir de la donation qui lui avait été faite, en vertu de son contrat de mariage, du 2 mars 1661, avec Madeleine-Charlotte-Bonne-Thérèse de Clermont, unique héritière de la maison de Luxembourg; il mit tout en œuvre pour obtenir du duc Charles IV la permission de vendre la terre et le comté de Ligny; mais il ne put rien obtenir de ce prince qu'une surséance de quatre mois pour sa prestation de l'hommage. Comme il avait pris la qualité de comte de Ligny, Charles IV le fit assigner à la requête du procureur général de Bar, le 27 octobre, pour se voir condamner à s'abstenir de cette qualité, parce qu'elle était contre la nature du fief, qui devait être réuni à la couronne ducale de Bar, si les hoirs et successeurs de Henri et de Marguerite, premiers possesseurs du comté de Ligny, venaient à manquer.

C'est alors que le duc de Luxembourg entra en relations avec le prince de Condé pour la vente du comté de Ligny; le contrat en fut passé pour deux millions de livres; mais le duc Charles IV refusa absolument son consentement à cette vente, alléguant que ledit comté faisait partie de son duché, qui était inaliénable; le contrat de vente fut ainsi annulé.

Le mécontentement que M. de Luxembourg ressentit de ce refus le porta à faire le procès tant aux officiers qui avaient eu le gouvernement et l'administration des affaires du comté de Ligny, pendant la guerre, qu'au procureur fiscal dudit

(1) *Réponse des envoyés de Lorraine*, loc. cit., p. 14.

comté. Les uns et les autres furent mis en prison; mais il y eut pourvoi au conseil du roi, qui ordonna que la connaissance de leurs affaires serait renvoyée par devant les officiers de la justice de Bar; enfin, M. de Luxembourg, fatigué de ces procédures, présenta au duc de Lorraine une requête sur laquelle Son Altesse lui fit main-levée de sa commise du comté de Ligny (1).

Charles IV, qui venait encore de s'attirer les foudres de Louis XIV, fut obligé, au mois d'août 1670, d'abandonner ses Etats pour la seconde fois. Le duc de Luxembourg, courtisan très-habile, connaissant le cours des affaires, crut le moment favorable pour entreprendre sur les droits de gabelle réservés au duc de Lorraine (2). Dans cet esprit, il traita avec les fermiers Gaurel et Giraudeau pour la cession du droit de vendre du sel dans son comté de Ligny, moyennant la somme de 8,000 francs barrois (3). On verra ci-après que cette usurpation devait susciter à sa veuve plus d'un procès en Parlement et au conseil privé du roi de France (4).

(1) Dom Calmet, *Notice de Lorraine*, in-8°, 1835, t. I, p. 488.

(2) C'est vers cette époque que le maréchal de Luxembourg fut compromis dans le procès de la célèbre marquise de Brinvilliers, accusée et brûlée vive en place de Grève, pour avoir empoisonné son père, ses deux frères et sa sœur. Il fut cité devant la chambre ardente, en même temps que la duchesse de Bouillon, comme soupçonné d'avoir commis un assassinat par le moyen d'un sortilége. « Le secrétaire d'Etat Louvois, qui ne l'aimait pas, le » fit enfermer dans une espèce de cachot de six pas et demi de long, où » il tomba très-malade, » et où il faillit mourir. (V. le *Siècle de Louis XIV*, par Voltaire, ch. XXVII.)

(3) *Mémoire présenté au Parlement par M. le duc de Lorraine*, broch. in-folio de 24 p., p. 21. (Archives de la Meuse. B. 3040.)

Au XVII<sup>e</sup> siècle, les fermiers des magasins à sel en Lorraine étaient :

*Corvisier*, 1658-1664, pour la somme de 242,000 francs par an.
*Porcheron*, 1er février 1665-1670.
Etienne Chevreau, sous-fermier du magasin de Ligny.
*Fauciel*, 1680-1687.
Nicolas Jacquemin de Mardigny, sous-fermier, 5 octobre 1680.
Martin Laurent, sous-fermier, 30 septembre 1683.
*Sulpice d'Hervy*, 1687-1693.
Joseph Gillet, De la Grange et Bertilly, sous-fermiers.

(4) Au XVII<sup>e</sup> siècle, comme de nos jours, le monopole de la vente du tabac appartenait au domaine. Le 19 mars 1693, François-Henri de Montmorency-Luxembourg concéda, par bail, le droit pour la distribution de cette plante dans l'étendue de son comté de Ligny.

De nouvelles contestations ne tardèrent pas à surgir entre les officiers du bailliage de Bar, qui avaient le droit de juger, dans l'étendue de leur ressort, de tous les cas nommés *royaux*, et les officiers du roi pour les comtes de Ligny, qui avaient la prétention de faire juger les causes à Paris. Ainsi, en l'année 1699, les officiers de la duchesse de Luxembourg, à Ligny, y instruisirent une procédure extraordinaire contre un nommé Thomas Porot, qu'ils condamnèrent à la question. Sur l'appel que ce malheureux interjeta de leur jugement, au lieu de faire porter cette procédure au greffe du bailliage de Bar, et de le faire conduire dans les prisons dudit bailliage, pour y être jugé sur son appel, elle le fit transférer dans les prisons de la conciergerie du Parlement ; mais le duc de Lorraine, averti de cette entreprise, qui était contraire à la disposition des concordats intervenus entre lui et le roi de France, en fit porter ses plaintes au Parlement, par la requête que son procureur au bailliage de Bar y présenta le 21 août, laquelle fut appuyée par celle qu'il y présenta lui-même le 31 décembre suivant, et conclut à ce que ce prisonnier fût reconduit, aux frais de la duchesse de Luxembourg, dans les prisons du bailliage de Bar, pour y être jugé sur son appel, et sauf à être ramené encore à ses frais dans celles du Parlement, après le jugement qui serait intervenu au bailliage de Bar. Le 30 avril 1700, les chambres assemblées à l'audience de la Tournelle, sous la présidence du premier président de Harlay, condamna la duchesse de Luxembourg à faire reconduire à ses frais l'accusé dans les prisons du bailliage de Bar, où il fut jugé. Ce fait, jugé par le Parlement de Paris, prouve, une fois de plus, que les ducs de Lorraine et de Bar avaient les droits de régale et de souveraineté dans la partie de leur duché qu'ils possédaient sous la mouvance du roi de France, et dont le comté de Ligny faisait partie (1) comme fief des ducs de Bar.

Au sujet du droit régalien et souverain de la vente du sel

(1) Archives de la Meuse. B. 3042. *Arrêt du conseil d'État du Roy au sujet du comté de Ligny, du 7 mai* 1720, in-4°, p. 20 et 21.

dans l'étendue du comté de Ligny, la duchesse de Luxembourg avait surpris la foi de la cour, qui rendit, le 16 mai 1698, un arrêt portant : « que commission luy sera délivrée » pour faire assigner qui bon lui semblera, et que cependant » par provision elle continuera de faire débiter du sel dans la » ville et comté de Ligny, ainsi qu'elle a pu faire jusqu'à » présent. »

Pour obtenir ledit arrêt, ses gens d'affaires avaient avancé « qu'elle estoit en droit et en possession tant par elle que par » les comtes de Ligny ses prédécesseurs, d'avoir magazins » et regrattiers dans la ville et comté de Ligny, pour faire » la distribution du sel aux habitants de ce comté ; et qu'elle » estoit même fondée en plusieurs actes faits entre Messieurs » les Ducs de Lorraine et de Bar, et les Comtes de Ligny ses » prédécesseurs. »

Le duc de Lorraine, dans un *Mémoire* (1) signé par Me Arrault, avocat, mit à néant les prétentions de la duchesse de Luxembourg, en se fondant, 1° sur ce que le comté de Ligny étant de son domaine, comme le prouvait l'ordonnance adressée par René, roi de Sicile, duc de Lorraine et de Bar, le 15 juin 1590, « à ses Baillys de Bar, de Saint- » Mihiel, de Clermont, au Gouverneur du comté de Ligny, » et à tous ses Officiers du duché de Bar, et comté de Ligny, » pour en faire l'exécution. » Cette ordonnance défendait l'usage du sel étranger dans toute l'étendue de ses duchés, autres que les sels provenant des salines de Château-Salins ; 2° qu'en vertu du concordat fait entre le roi Charles IX et Charles III, duc de Lorraine, « le duc de Lorraine et ses » successeurs sont conservés dans la libre et paisible joüis- » sance de tous droits de régale et de souveraineté, és » terres du bailliage de Bar, dont le comté de Ligny fait » incontestablement partie ; » 3° il alléguait la déclaration du roi Henri III, par laquelle, dans l'énumération des droits de régale et souveraineté, est compris, dans un article spécial,

(1) Archives de la Meuse. B. 3040. In-folio de 24 pages, « De l'Imprimerie de Louis Colin, ruë de la Harpe, à l'Image de S. Louis. »

« le droit de contraindre tous ses sujets du bailliage de Bar » et terres de la mouvance de se fournir de sel en ses salines, sans que Sa Majesté ni ses Successeurs l'en puissent » empêcher. » Donc, si le roi de France, « de qui le Duc de » Lorraine relève sa Souveraineté de Bar en hommage, re- » connoît le droit de Gabelle comme appartenant aux ducs de » Bar, et comme un des droits de leur souveraineté, *sans que » Sa Majesté ni ses Successeurs Roys les en puissent empêcher,* » comment madame de Luxembourg, qui était vassale, pouvait-elle prétendre user des mêmes droits que son souverain? Aussi la duchesse fut-elle déboutée dans sa demande, quand le duc de Lorraine eut fait connaître une requête que le feu duc son mari présenta lui-même au duc Charles IV, le 20 juin 1666, par laquelle il demandait, comme une grâce, la décharge de la commise de son comté, qui avait été prononcée par une sentence du bailliage de Bar, reconnaissant avec soumission : « les droits et authoritez du Duc de Bar, » et règlemens sur ce faits, contenus aux Concordats faits » avec le Roy Charles IX, le 25 Janvier 1571, et Henry III, » le 8 Aoust 1575, aussi bien que les autres règlemens faits » avec Messire Charles de Luxembourg, Comte de Ligny, le » 19 Novembre 1596, » se désistait des procédures qu'il avait entreprises, par mauvais conseil, en demandant lui-même, « que lesdits règlemens du 19 Novembre 1596 soient regis- » trez au bailliage de Bar pour estre exécutez selon leur » forme et teneur. »

Par l'article 7 du règlement de 1596, le Prince faisait une distinction entre les mesures pour le sel et celles pour les autres denrées. Pour ces dernières mesures, le comte de Ligny pouvait en jouir à Tronville et autres lieux où il en avait le droit; mais pour celles du sel, qui était une *denrée* du prince, Son Altesse en avait fait une exception, *et prétendoit qu'il soit distribué et livré aux mesures et étallons, que pour ce Elle a ordonnés generallement en ses Païs;* mais pour complaire au duc de Luxembourg, et pour prévenir les fraudes qui pourraient être faites dans les mesures par les distributeurs du sel, il voulut bien « que la marque du

» Comte de Ligny fût adjoutée à la sienne, et que les Offi-
» ciers dudit puissent les revisiter, pour connoistre si elles
» sont justes. »

L'article 14 du même règlement portait : « 1° que les su-
» jets de la ville et comté de Ligny, sont tenus d'user des
» salines du duc de Lorraine ; 2° que, pour obvier aux abus
» contraires, M. le duc de Lorraine a droit d'y faire faire
» les recherches et les revues accoutumées; 3° qu'en cas
» d'opposition aux exploits de reprises, la connaissance en
» appartient au duc de Lorraine, ou à ses juges privative-
» ment à tous autres, de même que les profits des amendes
» et confiscations. » Mais par une pure gratification pour le duc de Luxembourg et son épouse, le duc de Lorraine voulut bien modifier ce troisième paragraphe, et leur octroyer « pour eux, *les enfants de leur mariage et leurs descendants*
» *en* LIGNE DIRECTE, 1° que le prévôt de Ligny connoisse en
» première instance des contraventions, *à la charge de les*
» *juger selon et au prescrit des ordonnances et édits de Sa dite*
» *Altesse*, *sur les règlemens de ses salines*, *usage et vente du*
» *sel;* 2° et sous les mêmes modifications que dessus, de
» percevoir le tiers des amendes et confiscations qui seront
» prononcées par le prévôt de Ligny. » La ligne directe étant éteinte lors de la présentation de la requête de madame de Luxembourg, cette dernière ne pouvait plus jouir des franchises accordées par le règlement de 1596.

Il n'est peut-être pas inutile de rappeler ici un procès qui languit près d'un siècle, après avoir été porté en plusieurs cours de Parlement, ainsi qu'au conseil d'État du roi de France, par la branche de Luxembourg de Béon, et renouvelé en 1714 par Charles de Luxembourg de Béon, se disant chef du Nom et des Armes de la maison de Luxembourg, demandeur en ouverture de la substitution (1) des comtés de Ligny et duché de Piney, contre Charles-François-Frédéric

(1) Les substitutions furent prohibées en France en 1792, sauf pour les dispositions permises aux ascendants et aux frères et sœurs en faveur d'en-

de Montmorency, duc et pair de France, gouverneur de Normandie, lieutenant général des armées du roi, défendeur.

Pour bien comprendre cette revendication de la substitution, nous allons transcrire textuellement le curieux Mémoire présenté par Me de Bouchevret, avocat, pour Charles de Luxembourg de Béon (1), lequel Mémoire est précédé d'une généalogie de la famille de Luxembourg (N° 1).

« Le Nom, les Armes, et les Biens substituez de la Maison de Luxembourg, n'appartiennent qu'au sieur de Luxembourg de Beon. Il est aujourd'hui le Chef de cette illustre Maison, qui, Souveraine autrefois, a donné cinq Empereurs, trois Rois, et six Reines dans l'Europe; qui a pris des Alliances dans toutes les Maisons Royales; et qui, pour tout dire en un mot, a eu l'honneur de mettre dans l'Auguste Maison de Bourbon, une Fille que le Roy compte pour sa quatrième Ayeule.

» On laisse à Monsieur de Montmorency l'honneur d'être issu d'un Cadet de la Maison de Luxembourg, par deux filles qui sont deux interruptions de masculinité dans sa personne; mais qu'il reconnoisse en même temps que le sieur de Luxembourg de Beon, descend de l'Aîné en ligne directe, avec une seule interruption de mâles. Cette double différence assure au sieur de Luxembourg de Beon, le Nom, les Armes, et les Biens substituez de la Maison de Luxembourg.

» Antoine de Luxembourg, mort en 1558, et Marguerite de Savoye, sa femme, laissèrent trois enfans mâles, Jean, François, et Antoine de Luxembourg.

» Le 23 Novembre 1572, les trois freres firent un Partage, avec une Substitution réciproque, graduelle, et perpétuelle, de trois Terres seulement; sçavoir, du Comté de Ligny, du Comté de Brienne, et de la Seigneurie de Piney, qui depuis fut érigée en Duché-Pairie.

» Il ne s'agit point ici du Comté de Brienne; il a été vendu pour payer des dettes.

» Le Comté de Ligny échut à Jean, qui étoit l'aîné : c'est de lui qu'est issu le sieur de Luxembourg de Beon.

fants nés ou à naître au premier degré seulement. La substitution n'était ouverte que par le décès de l'héritier direct. Le substitué qui était appelé à la succession, ne pouvait aliéner les biens sujets à la substitution.

(1) In-folio de 6 pages, avec une généalogie de la famille de Luxembourg, « De l'imprimerie de J. Quillau, rue Gallande, 1714. » Archives de la Meuse. B. 3041.

**N° 1. — Généalogie de la Maison de Luxembourg,** *dressée, en 1714, par Charles de Luxembourg de Beon, chef du Nom et des Armes de cette Maison, demandeur en ouverture de substitution du Comté de Ligny et Duché de Piney, contre Charles-François-Frédéric de Montmorency, duc et pair de France, gouverneur de Normandie, lieutenant général des armées du Roi.* (Archives de la Meuse. B. 3041.)

Louis I de Luxembourg, comte de Saint-Paul, connétable de France, † le 19 décembre 1475; marié 1° à Jeanne de Bar (1), comtesse de Marle, et 2° à Marie de Savoie.

- Pierre de Luxembourg comte de Saint-Pol, marié à Marguerite de Savoie.
  - Marie de Luxembourg mariée à François de Bourbon, comte de Vendôme.
    - Charles de Bourbon, 1er duc de Vendôme.
      - Antoine de Bourbon, roi de Navarre.
        - Henri IV de Bourbon, roi de France et de Navarre.
          - Louis XIII, roi de France et de Navarre.
            - Louis XIV, roi de France et de Navarre.
              - Mgr le Dauphin.
                - Monsieur le Duc de Bourgogne.
                  - Monsieur le Dauphin.
- Antoine de Luxembourg, comte de Brienne, marié : 1° à Antoinette de Baufremont, 2° à Françoise de Croy, et 3° à Gilette de Coitivy.
  - Charles de Luxembourg, comte de Brienne et de Ligny, marié à Charlotte d'Estouteville.
    - Antoine de Luxembourg, comte de Brienne et de Ligny, seigneur de Piney et de Tingry, marié à Marguerite de Savoie.
      - Jean de Luxembourg, comte de Brienne et de Ligny, mort le 1er juillet 1576, marié à Guillemette de la Mark de Bouillon.
        - Charles de Luxembourg, mort en 1608, sans enfants.
        - Diane de Luxembourg, morte en 1624, sans enfants, mariée à Juste de Pontallier, baron de Pleurs.
        - Louise de Luxembourg, morte en 1647, mariée à Bernard de Beon du Massez, marquis de Bouteville, chevalier des ordres du Roi, gouverneur du Limousin et de la Rochelle, lieutenant pour S. M. dans les provinces de Saintonge, Aunis et Angoumois.
          - Charles de Luxembourg de Beon, chef du Nom et des Armes de la Maison de Luxembourg, marié à Marie Amelot.
            - Bernard de Luxembourg de Beon, mort sans enfants en 1714.
            - Jean-Louis de Luxembourg de Beon, marié à Marie de Cugnac de Dampierre.
              - Charles de Luxembourg de Beon.
      - François de Luxembourg, duc de Piney, prince de Tingry, mort en 1613.
        - Henry de Luxembourg, duc de Piney, prince de Tingry, mort en 1616.
          - Charlotte-Marguerite de Luxembourg, mariée à Charles-Henri de Clermont, comte de Tonnerre.
            - Madeleine-Charlotte-Bonne-Thérèse de Clermont-Tonnerre, mariée à François-Henri de Montmorency, duc et pair et maréchal de France.
              - Charles-François-Frédéric de Montmorency, duc et pair de France, gouverneur de Normandie, lieutenant général des armées du Roi.
      - Antoine de Luxembourg, mort en 1573, sans enfants.
- Charles de Luxembourg, évêque et duc de Laon, pair de France.
- Louis II de Luxembourg comte de Ligny.

(1) Elle était fille de Robert, comte de Marle-sur-Soissons, grand bouteiller de France et président des Comptes à Paris. Ce Robert était fils de Henri, qui l'était de Robert, premier duc de France.

» La Seigneurie de Piney fut donnée par indivis aux deux puînez, François et Antoine. Monsieur de Montmorency descend de François par deux femelles.

» Dans la Substitution réciproque, chacun appelle ses enfans mâles; mais au défaut de mâles, les deux puînez appellent les enfans mâles de leur frère aîné, de même que l'aîné, au défaut d'hoirs mâles issus de lui, appelle les enfans mâles du second, et ensuite ceux du troisième : et au défaut d'hoirs mâles de tous les trois, *en quelque degré que ce soit,* on appelle la fille aînée de l'aînée, à la charge que son mari prendra le Nom et les Armes de la Maison de Luxembourg. Voici les termes :

» On dit d'abord : *Et au cas que ledit sieur Jean de Luxembourg décédât sans enfans mâles, procréez et issus de son corps en loyal mariage; et qu'il y eût en quelque degré que ce soit, défaut d'hoir mâle procréé, comme dit est, en loyal mariage, des enfans mâles dudit sieur Jean de Luxembourg, etc.*

» On ajoute ensuite : *A la charge que s'il advient* (*que Dieu ne veuille*) *que desdits freres il n'y ait point de mâles, qu'en ce cas le mari de la fille aînée, du fils aîné, sera tenu de prendre le Nom et Armes de la Maison de Luxembourg; et de confirmer, et de son chef faire pareille disposition et prévoyance pour la conservation des Noms et Armes de ladite Maison de Luxembourg; afin que par tel renouvellement successif de telle disposition, le Nom et les Armes de ladite Maison soient perpétuez tant que possible sera.*

» Le cas prevû par les trois frères, du défaut de mâles *en quelque degré que ce soit,* arriva contre leur espérance dès le second degré.

» Antoine, qui étoit le troisième frere, mourut le premier en 1573, sans aucune posterité. Jean et François laissèrent chacun un fils : mais le fils de l'un et le fils de l'autre moururent sans enfans mâles. Ainsi la Substitution s'ouvrit en faveur de la fille aînée de Jean de Luxembourg. C'est le fondement de la demande du sieur de Luxembourg de Beon.

» Jean de Luxembourg, qui étoit l'aîné, mourut en 1576; il laissa trois enfans, un fils et deux filles; Charles, Diane, et Louise de Luxembourg.

» Charles mourut sans enfans en l'année 1608 : il laissa ses deux sœurs, Diane et Louise de Luxembourg, qui ont survécu l'une et l'autre à tous les mâles de la Maison.

» François de Luxembourg, qui étoit le second, mourut en 1613.

» Henri de Luxembourg, son fils, mourut en 1616 : il laissa une fille; mais il ne laissa point d'enfans mâles : c'est ce qui ramena la

Substitution dans la branche de Jean, frère aîné, en faveur de Diane de Luxembourg, sa fille aînée.

» En l'année 1623, Diane de Luxembourg et Juste de Pontallier, Baron de Pleurs, son mari, n'ayant point d'enfans, firent une disposition en faveur d'un Neveu qu'ils avoient. Il étoit fils de Louise de Luxembourg, leur sœur et belle-sœur. Par cet acte, ils confirmèrent, et renouvellèrent la Substitution à son profit, afin de satisfaire à la condition portée dans le Partage des trois frères, du 23 Novembre 1572.

» Louise de Luxembourg étoit veuve de Bernard de Beon du Massez, Marquis de Boutteville, Chevalier des Ordres du Roy, Gouverneur du Limosin et de la Rochelle, Lieutenant pour sa Majesté dans les provinces de Saintonge, Aulnis et Angoumois.

» Son fils Charles de Beon, Marquis de Boutteville, étoit le seul mâle, et l'unique espérance de la Maison. Il étoit petit-fils de Jean de Luxembourg, frère aîné. Il devint le Chef du Nom, et des Armes de la Maison de Luxembourg.

» C'est en cette qualité que, par un Arrest du Parlement de Tolose, du 8 Octobre 1650, il fit déclarer la Substitution ouverte à son profit, et qu'il fut maintenu et gardé dans la possession du Comté de Ligny, et du Duché de Piney.

» Le sieur de Luxembourg de Beon qui demande l'ouverture de la même Substitution, est petit-fils du même Charles de Beon. Ainsi Jean de Luxembourg aîné est le trisayeul du sieur de Luxembourg de Beon.

» Monsieur de Montmorency descend par deux femelles de François de Luxembourg, qui étoit le frère puîné de Jean de Luxembourg.

» François a laissé Henri de Luxembourg.

» Henri a laissé une fille, Charlotte-Marguerite de Luxembourg, femme de Charles-Henry de Clermont-Tonnerre.

» Charlotte-Marguerite de Luxembourg, et Charles-Henry de Clermont-Tonnerre, ont laissé pareillement une fille, Madeleine-Charlotte-Bonne-Thérèse de Clermont.

» Elle fut mariée à feu François-Henry de Montmorency, Duc et Pair et Maréchal de France.

» C'est de leur mariage qu'est sorti Monsieur de Montmorency, Duc et Pair de France, Gouverneur de Normandie, Lieutenant Général des Armées du Roy, Défenseur à la Substitution.

» Monsieur de Montmorency, pour remonter à François de Luxembourg, frère puiné, trouve en son chemin deux filles, dont l'une n'a jamais porté le nom de Luxembourg, c'est Madame sa mère, qui s'appelloit Clermont-Tonnerre.

» Son ayeule s'appelloit à la vérité Luxembourg, mais après avoir passé dans la Maison de Clermont-Tonnerre, elle n'a laissé qu'une fille qui a passé dans celle de Montmorency. Comment un Montmorency et une Clermont, ont-ils pû donner à leur fils le Nom et les Armes de Luxembourg?

» Les biens substituez accompagnent le Nom et les Armes de Luxembourg, ils sont donnez à la fille aînée du frère aîné. La même préférence qui avoit lieu entre les mâles, est répétée à l'égard des femelles. Telle est la sage prévoyance des grandes Maisons : quand elles ne peuvent se perpétuer de mâle en mâle, elles veulent du moins revivre dans les femelles, pour se procurer une espèce d'immortalité.

» On conserve aux femelles de la Branche aînée les mêmes prérogatives des mâles : un gendre prend la place du fils, pour réparer sa perte. On imite la nature, par cette espèce d'adoption. L'on transmet au mari de la fille aînée, un nom qui périroit, et des biens capables de le soutenir.

» C'est ainsi, dit Cassiodore, qu'un fleuve prend quelquefois le nom d'une rivière qu'il rencontre, et qu'en mêlant leurs eaux, ils roulent avec plus de majesté.

» Le sieur de Luxembourg de Beon est issu de la Branche aînée, qui est appellée à la Substitution : Entre lui et Jean de Luxembourg, son trisayeul, on ne trouve qu'une seule fille; mais elle portoit le nom de Luxembourg. La Branche a été dépouillée de ses biens depuis un temps. C'est l'effet de la force et du crédit : mais elle n'a perdu qu'une possession passagère; le droit est demeuré inébranlable; il est passé de degré en degré : le Sieur de Luxembourg de Beon le tient de ceux mêmes qui sont les auteurs de la Substitution : chaque Substitué vient de son chef, indépendamment du fait de ses Prédécesseurs; la Substitution est un germe qui renaît à chaque génération. C'est un feu couvert sous la cendre, qu'on ne peut éteindre : le fait des défunts s'ensevelit avec eux dans leurs tombeaux, pour ne jamais nuire aux vivans.

» On opposeroit en vain un Arrest par défaut du 15 mai 1675, que feu Monsieur de Montmorency, Maréchal de France, et depuis Gouverneur de Normandie, obtint au Parlement de Rouen, contre le défunt oncle du sieur de Luxembourg de Beon : un Arrest de cette qualité, rendu sans défenses proposées, sans connoissance de cause, et par un Parlement récusé, n'acquiert jamais l'autorité des choses jugées. Chaque Substitué n'est qu'un usufruitier par l'événement : il vit comme Propriétaire ; mais il meurt comme usufruitier : il peut perdre ses fruits et sa jouissance personnelle ; mais le fond du droit subsiste pour le degré qui le suit ; le Successeur n'a besoin que du Titre de sa naissance ; il trouve en lui-même un nouveau droit qui n'est point altéré, et que le fait de son Prédécesseur n'a pû corrompre.

» Cet Arrest avoit même été précédé d'un autre, rendu au Parlement de Tolose, qui avoit adjugé la Substitution à Charles de Beon, ayeul du Sieur de Luxembourg de Beon.

» Pour entrer présentement dans quelque detail de la Substitution, il faut voir les degrez qu'elle a parcourus, tant pour le Comté de Ligny, que pour le Duché de Piney.

» *Progrès de la Substitution du Comté de Ligny.*

» Dans le partage du 23 Novembre 1572, fait entre les trois frères, JEAN, FRANÇOIS, et ANTOINE DE LUXEMBOURG, le Comté de Ligny est demeuré à Jean, qui étoit l'aîné de la Maison.

» Par la mort de Jean, arrivée en 1576, il a passé à son fils CHARLES DE LUXEMBOURG, comme institué.

» Par la mort de Charles de Luxembourg, sans enfans, arrivée en 1608, il a passé à François de Luxembourg, son oncle, comme premier Substitué.

» Diane, et Louise de Luxembourg, sœurs du défunt, et filles de Jean de Luxembourg, ont subi la Loi de la Substitution. Elles ont vû, sans se plaindre, les biens de leur père et de leur frère passer entre les mains de leur oncle.

» Par la mort de François de Luxembourg, arrivée en 1613, le même Comté de Ligny a passé à Henri de Luxembourg son fils, comme second Substitué.

» Ce Comté est situé dans le Barrois, où les Substitutions ne sont pas restreintes à deux degrez : ainsi celle dont il s'agit, qui est graduelle et perpétuelle, n'a pas fini dans la personne de Henry de Luxembourg.

» Par sa mort, arrivée en 1616, sans enfans mâles, cette Terre est rentrée dans la Branche de Jean de Luxembourg, et revenue à Diane de Luxembourg, sa fille aînée.

» Henry de Luxembourg avoit laissé une fille, appelée CHARLOTTE-MARGUERITE, mais entre les filles des trois Branches, la fille aînée de l'aîné étoit préférée dans la Substitution.

» Voilà donc la Branche de François de Luxembourg déchûe de la

Substitution en 1616; et celle de Jean qui étoit l'aîné, ressaisie du Comté de Ligny.

» Par l'acte du 13 Janvier 1623, Diane de Luxembourg et Juste de Pontallier, Baron de Pleurs, son mari, qui n'avoient point d'enfans, renouvellèrent la Substitution au profit de leur neveu CHARLES DE BEON, fils de Louise de Luxembourg, et petit-fils de Jean de Luxembourg. On suivit dans cet Acte les clauses et conditions du partage de 1572.

» Indépendamment de cet Acte, la Substitution de 1572 auroit toujours déféré le Comté de Ligny au même Charles de Beon. La voye même de la Succession *ab intestat*, le lui auroit donné après la mort de Diane de Luxembourg sa tante.

» Le Sieur de Luxembourg de Beon est petit-fils de Charles de Beon, qui étoit petit-fils de Jean de Luxembourg. Il est descendu en ligne directe de l'aîné. Il est le Chef du Nom, et des Armes de cette illustre Maison. Il demande l'ouverture de la Substitution, et en conséquence la restitution du Comté de Ligny, avec les fruits..... »

Après avoir soutenu par des raisons analogues son droit au duché de Piney, le Mémoire de Charles de Luxembourg de Béon conclut ainsi qu'il suit :

» Le Nom et les Armes de la Maison de Luxembourg, le Comté de Ligny, et le Duché de Piney, appartiennent donc au sieur de Luxembourg de Beon, puisqu'il descend en ligne directe de Jean de Luxembourg, qui étoit l'aîné de la Maison.

» La prescription ne trouve point ici de prise ; le droit du sieur de Luxembourg de Beon ne s'est ouvert qu'en l'année 1714, par la mort de son oncle sans enfans. La longue jouissance de Monsieur de Montmorency n'est qu'une longue usurpation : elle n'a pas même été paisible. Il y a plus à craindre pour lui qu'à espérer, en l'alléguant : elle ne peut le conduire qu'à une plus grande restitution de fruits.

» Une seule difficulté se présente à l'esprit ; comment la Maison de Montmorency a-t-elle pû sans aucun droit, se maintenir si longtemps dans la possession du Nom, des Armes, et des Biens de celle de Luxembourg? »

A ce mémoire, Charles-François-Frédéric de Montmorency-Luxembourg, duc de Luxembourg, de Montmorency et de Piney, pair de France, comte de Ligny, gouverneur de la province de Normandie, opposa un *Factum* dans lequel, après avoir reproduit la généalogie ci-après (1) de la Maison de Luxembourg, moins les rois de France, il oppose aux dires du demandeur un arrêt solennel rendu en 1675, par le Parlement de Normandie, en faveur de son père; il montre ensuite : 1° que la substitution du comté de Ligny est finie et expirée au second degré dans la personne de Henri de Luxembourg son bisayeul; 2° qu'il y a une prescription de plus de trente années acquise dans cet arrêt, qui forme une seconde barrière; 3° que celle du duché de Piney ne peut, par la loi même de la substitution, être transportée à une fille d'une autre branche; 4° qu'un codicille de Louis de Luxembourg, du 13 décembre 1503, fait dans le but de conserver le lustre et la grandeur de sa maison, dit : « A ce que » le nom et les armes de nostre Maison de Luxembourg se » puissent mieux entretenir, et ne tomber du tout en déca- » dence, par ce avons donné et donnons le Comté de Ligny » aux chefs des armes dudit nom et premiers hoirs de ligne » en ligne, sans qu'ils le puissent aliéner, engager, ni chan- » ger. » 5° Qu'Antoine de Luxembourg, petit-neveu de Louis, ayant été en possession de tous ces biens, disposa des comtés de Ligny et de Brienne, par un testament qu'il fit en 1551, en faveur de Jean de Luxembourg, l'aîné de ses trois fils. Ses deux frères, François et Antoine de Luxembourg, contestèrent d'abord cette disposition, mais le désir de conserver la grandeur de leur Maison les réunit tous trois, et par un partage qui eut lieu le 23 novembre 1572, ils firent trois substitutions.

La première substitution est celle du comté de Ligny : « A » la charge, » y est-il dit, « et non autrement, que ledit » Comté de Ligny, suivant le codicille de feu de bonne me- » moire Messire Louis Comte de Ligny leur grand-oncle, de- » meurera affecté par préciput et hors partage à l'hoir masle » aisné portant le nom et armes de ladite Maison de Luxem- » bourg, et lequel codicille lesdits Sieurs ont confirmé et con- » firment par ces présentes, et en tant que besoin seroit, ont

(1) Voir la généalogie N° 2. Archives de la Meuse. B. 3041.

**N° 2. — Généalogie de la Maison de Luxembourg** *d'après un Factum imprimé en 1715, pour Charles-François-Frédéric de Montmorency-Luxembourg, duc de Luxembourg, de Montmorency et de Piney, pair de France, comte de Ligny, gouverneur de la province de Normandie, contre Messire Charles de Beon du Massez.* (Archives de la Meuse. B. 3041).

Louis I de Luxembourg, comte de Saint-Paul, connétable de France, † en 1475.

- Louis de Luxembourg, II^e du nom, comte de Ligny, qui a fait le codicille de 1503, † sans enfants.
- Antoine de Luxembourg, I^er du nom, comte de Roussy, † en 1510.
  - Charles de Luxembourg, II^e du nom, comte de Brienne et de Ligny, † en 1530.
    - Antoine de Luxembourg, II^e du nom, comte de Brienne et de Ligny, seigneur de Piney, † en 1557.
      - Jean de Luxembourg, comte de Brienne et de Ligny, † en 1576.
        - Diane de Luxembourg, épouse du sieur de Pleurs, décédée sans hoirs.
        - Louise de Luxembourg, épouse de Bernard Beon du Massez.
          - Charles Beon du Massez.
            - Bernard Beon du Massez, † en 1714.
            - Jean-Louis de Beon du Massez.
              - Charles Beon du Massez.
        - Charles de Luxembourg, III^e du nom, comte de Brienne, † sans hoirs en 1608.
      - François de Luxembourg, duc de Piney, prince de Tingry, † en 1614.
        - Henry de Luxembourg, prince de Tingry, de Piney, pair de France, † en 1616.
          - Marguerite-Charlotte de Luxembourg, mariée à Charles-Henri Clermont de Luxembourg.
            - Marie-Magdelaine-Charlotte-Bonne-Claire de Luxembourg, mariée à François-Henri de Montmorency-Luxembourg, pair et maréchal de France, † en 1695.
              - Charles-François-Frédéric de Montmorency-Luxembourg, duc de Piney, pair de France.
              - Paul-Sigismond de Montmorency-Luxembourg, duc de Châtillon.
              - Louis-Christiern de Montmorency-Luxembourg, prince de Tingry.
              - Angélique-Cunégonde de Montmorency-Luxembourg, princesse de Neufchâtel.
          - Marie-Liesse de Luxembourg, épouse de Henri de Lévy, duc de Ventadour, † sans enfants.
        - Antoinette de Luxembourg, mariée à René Potier, duc de Tresmes, pair de France.
      - Antoine de Luxembourg, III^e du nom, † en 1573, sans enfants.
- Charles de Luxembourg, I^er du nom, évêque de Laon.

» de nouvel fait pareille disposition entre vifs et irrévocable de » ce qui seroit porté par ce codicille. »

La deuxième substitution est celle du comté de Brienne, qui relate cette clause particulière : « Au cas que ledit Sieur » Jean décédast sans enfans masles procréés de son corps en » loyal mariage, qu'il y eust en quelque degré que ce soit » deffaut d'hoir masle procréé, comme dit est, en loyal ma- » riage des enfans masles dudit Sieur Jean, en ce cas ledit » Comté de Brienne appartiendra au plus prochain et premier » masle chef de ladite Maison de Luxembourg issu de loyal » mariage. »

Pour la troisième substitution, relative à la terre et seigneurie de Piney, François et Antoine de Luxembourg, qui avaient partagé cette terre entre eux, la font réciproque entre leurs descendants, « et ont voulu lesdits seigneurs François » et Antoine pareille disposition estre suivie et gardée aprés » leur décez au regard de ladite Terre et Seigneurie de » Piney, circonstances et dependances d'icelle. » Et pour clauses générales à toutes ces substitutions, ils ajoutent : « Et » à la charge que, s'il advient (que Dieu ne veuille!) que des- » dits freres il n'y ait point de mâles, qu'en ce cas le mary de » la fille aînée du fils aîné sera tenu de prendre le nom et » armes de Luxembourg, et à la charge d'entretenir entre les » enfans qui en proviendront les charges et conditions ci- » dessus apposées. »

Postérieurement à tous ces actes, François de Luxembourg avait acquis plusieurs terres qu'il joignit à celle de Piney, qu'il fit ensuite ériger en duché-pairie.

Jean, l'aîné des trois frères, décéda en 1576, laissant un fils, Charles, et deux filles, Diane et Louise.

Ce fut Charles qui recueillit la substitution des comtés de Ligny et de Brienne; mais n'ayant point d'enfants de son mariage (1583) avec Anne de La Vallette, il exigea de François de Luxembourg, son oncle, par acte du 26 décembre 1596, un désistement réciproque de la substitution du comté de Brienne, et de la terre de Piney, érigée en duché en faveur de François, quoique les choses ne fussent pas égales, attendu que François avait déjà un fils : Henri de Luxembourg, prince de Tingry.

Charles mourut en 1608, laissant pour ses héritières ses deux sœurs : Diane, mariée au sieur de Pleurs, et Louise, mariée au sieur Béon du Massez.

François de Luxembourg, duc de Piney, son oncle, recueillit la substitution du comté de Ligny comme premier substitué et premier hoir mâle de la famille. Pour le comté de Brienne, il fut vendu au profit des créanciers de Charles, en conséquence de l'acte de 1596. Mais ce qui fut très-désavantageux pour François, c'est que, quoique le partage du 23 novembre 1572 n'eût chargé que celui qui recueillerait la substitution du comté de Brienne du paiement de la somme de trois cent mille livres aux filles qui seraient habiles à succéder au dernier mâle issu de Jean de Luxembourg, et qu'on n'eût point imposé la même obligation à la substitution du comté de Ligny, François, qui ne profitait point du comté de Brienne, fut condamné, par arrêt du grand conseil, du 30 septembre 1611, à payer cette somme de trois cent mille livres pour le comté de Ligny, à Diane et à Louise de Luxembourg, sœurs de Charles.

François mourut en 1614, et transmit la substitution du comté de Ligny à Henri, son fils, qui remplit le second et le dernier degré de cette substitution, et qui recueillit aussi la substitution de la terre de Piney.

Henri de Luxembourg, dernier mâle de sa maison, mourut en 1616, deux ans après le décès de son père, laissant deux filles : Charlotte-Marguerite et Marie-Liesse.

L'ordre naturel et la loi expresse assuraient ces deux terres à l'aînée des filles de Henri, qui devenait, au jour de son décès, *l'aîné, le chef de nom et des armes de la maison* (1); et puisque la substitution du comté de Ligny était faite au second degré dans la personne de Henri de Luxembourg, les filles des autres branches avaient par ce fait perdu tous leurs

(1) *Factum pour Monsieur le duc de Luxembourg*, in-folio de 29 pages, « De l'Imprimerie de Jean-Baptiste Coignard, Imprimeur ordinaire du Roy, et de l'Académie Françoise, M. DCCXV. » Archives de la Meuse. B. 3041.

droits sur ledit comté, et par son union avec Madeleine-Charlotte-Bonne-Claire de Luxembourg, héritière directe de Marguerite-Charlotte, sa mère, François-Henri de Montmorency était obligé de prendre le nom et les armes de Luxembourg; c'est ainsi que les Parlements et le grand conseil en ont jugé, et débouté Charles de Luxembourg de Béon comme non fondé en sa demande.

Un curieux document découvert dans les archives nous fait connaître l'état des charges, en grains et en argent, qui devaient être acquittées par les fermiers généraux du comté de Ligny, sans diminution du prix de leur bail. Lesdites charges étaient, en 1718, de 44 muids 30 bichets et 8 minottes d'avoine, 6 pièces de vin, plus la somme de 2,276 francs 1 gros 6 blancs, attribués aux gages des officiers du bailliage de Bar et de Ligny (1), et à diverses maisons religieuses.

Rentré dans le calme sous le règne de Léopold, le petit duché de Lorraine jouissait d'une ère de prospérité qu'il n'avait pas vue depuis nombre d'années. Ce prince songea alors à agrandir ses États en acquérant le comté de Ligny qui se trouvait entre les mains de la famille de Luxembourg depuis l'année 1231, époque où cette châtellenie fut détachée du comté de Bar par le comte Henri II, qui la donna, comme nous l'avons vu, à sa fille Marguerite de Bar, lors de son union avec Henri de Luxembourg. Léopold ayant donné ses pleins pouvoirs à Claude de Rollainville, seigneur dudit lieu et de Rouceux, son conseiller et son résident à la cour de France, ce dernier acquit, le 6 novembre 1719, par contrat passé devant Baptiste et du Tartre, notaires au Châtelet de Paris, de Charles-François-Frédéric de Montmorency-Luxembourg, pair, premier baron chrétien de France, souverain d'Aigremont, etc., pour la somme de deux millions six cent mille livres, les ville, château, châtellenie, comté et prévôté de Ligny et de Saulx-en-Barrois, leurs appartenances

(1) Archives de la Meuse. Série B. 3042.

et dépendances, y compris les terres, lieux et biens qui pouvaient y avoir été annexés et réunis par les ducs de Luxembourg ses prédécesseurs (1).

Les 17 et 18 du même mois de novembre 1719, le duc Léopold fit prendre possession de son acquêt par son lieutenant général au bailliage de Bar, assisté de son procureur général audit bailliage, et du greffier en chef de ce siége, et fit réunir ce comté et cette châtellenie à son domaine du duché de Bar.

Mais le 9 décembre suivant, Paul-Sigismond de Montmorency-Luxembourg, duc de Châtillon, frère de Charles-François-Frédéric, dans le dessein de retirer le comté de Ligny, par la voie d'un retrait lignager, et ne voulant pas intenter sa demande au bailliage de Bar (2), présenta une requête au Parlement de Paris, sur un exposé qui n'était pas soutenable (3), et demanda qu'il lui fût permis d'y faire assigner le duc de Lorraine, pour se voir condamner à le lui abandonner sous le bénéfice des offres qu'il faisait. Sur les conclusions du procureur général, le duc de Luxembourg obtint un arrêt qui le lui permit, et le 11 du même mois de décembre, il fit assigner le duc Léopold, par un exploit donné au domicile du procureur général.

L'irrégularité de cette procédure, qui portait atteinte à la disposition des concordats et de la coutume de Bar, obligea le duc de Lorraine de porter ses plaintes au pied du trône. A cet effet, il fit présenter à Louis XV un mémoire sur le mérite duquel il obtint, le 7 mai 1720, un arrêt du conseil d'État qui déboutait le demandeur de ses prétentions à pou-

(1) Voir le contrat de vente aux Archives de la Meuse. Chambre des Comptes. B. 3042. Mst in-f° de 19 pages.

(2) Le duc de Montmorency-Luxembourg prétendait : « qu'il ne peut procé- » der à ce retrait contre M. le duc de Lorraine, dans la juridiction où il est » demeurant, puisque cette juridiction est celle de Nancy ou de Lunéville, » où il demeure, et que les Français, par leurs priviléges, ne peuvent être » obligés d'aller plaider hors du royaume. » Requête présentée au Parlement de Paris. Archives de la Meuse. B. 3042.

(3) Archives de la Meuse. B. 3042. Arrêt du Conseil du Roy au sujet du comté de Ligny, du 7 mai 1720. Broch. in-4° de 40 pages, p. 1.

voir rentrer en possession du comté de Ligny et ses dépendances, et déclarait le Parlement de Paris incompétent en cette affaire, en vertu du traité de paix de Riswick, et surtout de la déclaration du roi Henri III, en date du 8 août 1575, par laquelle ce monarque ne se réservait que les droits de féodalité et la connaissance des causes d'appel, et non autre chose, sans aucunement entreprendre sur les droits, us, statuts et coutumes des bailliages de Bar et de la mouvance. Léopold demeura alors seul possesseur du comté de Ligny.

Ce prince supprima alors, par édit du 2 février 1720, les officiers des prévôtés, gruerie, hôtel-de-ville, domaine des ville et villages et prévôtés de Ligny et de Saulx, ainsi que les notaires, huissiers, sergents, etc., et y établit une prévôté dont toutes les appellations devaient être portées au bailliage de Bar, et de plus une gruerie et un hôtel-de-ville avec les officiers de ces établissements (1).

Le 3 mars suivant, par un arrêt rendu en son conseil d'État, Léopold permettait aux habitants de Ligny de s'imposer extraordinairement, pendant huit années consécutives, en établissant des octrois (2). Par cet arrêt, il était fait dé-

(1) Dom Calmet, *Notice de Lorraine*, in-8°, 1835, t. I, p. 490. Archives de la Meuse. B. 3042. In-4° de 4 p., de l'imprimerie de la veuve Jean Lochet, imprimeur ordinaire de S. A. R., de sa Chambre du Conseil...

(2) L'établissement d'un octroi à Ligny date du règne de Charles IV. Par lettres patentes du 25 avril 1665, ce prince permit aux habitants et communauté de Ligny d'imposer des droits de péage, pendant trois ans, sur toutes les denrées et marchandises qui entreraient dans leur ville, pour leur donner le moyen de payer les dettes de leur communauté, contractées pendant la guerre. Ces lettres furent renouvelées, le 5 mai 1667, pour un laps de temps de treize années, qui devaient finir en 1680. Tout char chargé de n'importe quelle denrée devait payer six gros; le sel était excepté comme étant une denrée du souverain sur laquelle on ne devait percevoir aucun droit. On ne percevait non plus aucun droit sur le raisin entrant en grappe et les grains battus et non battus; mais le vin fait, sa vente et son débit étaient extrêmement chargés, ainsi que les farines qui sortaient du moulin. (*Réponse des envoyés de Lorraine à un Mémoire de madame la duchesse douairière de Luxembourg, à propos de la vente du sel dans le comté de Ligny*, in-folio de 19 pages, p. 5. Archives de la Meuse. B. 2040.) — Le 19 octobre 1698, Marie-Charlotte-Bonne-Claire de Clermont-Luxembourg accordait aussi aux habitants la perception des octrois.

fense aux habitants de la ville, tant ecclésiastiques que nobles, privilégiés ou autres (1), de se pourvoir ailleurs de pain, ou de chair qu'en ladite ville, ni d'y faire entrer des farines moulues dans les moulins étrangers, sans en faire déclaration et en payer les droits (2).

Pour éviter des conflits entre les officiers de la prévôté de Bar et ceux de la prévôté de Ligny, à l'occasion de la juridiction sur les villages mi-partis, une convention fut arrêtée entre eux le 9 juin 1734, et approuvée le 2 juillet suivant par Elisabeth-Charlotte d'Orléans, veuve de Léopold Ier, régente des duchés en l'absence de François II, son fils (3).

A cette époque, Ligny possédait une poudrerie, dont les produits étaient en renom, sous l'administration d'un sieur Fauque; elle cessa de fonctionner en 1738, en même temps que celle de Bar.

Au commencement du règne de Stanislas, de grands travaux furent entrepris dans le Barrois pour l'amélioration des routes. A Ligny, comme la descente de l'ancienne route de Toul était fort rapide, on en construisit une nouvelle plus au nord, et qui aboutissait à un pont jeté sur l'Ornain, ainsi qu'à la porte dite *Royale*, élevée en 1747.

L'hôtel-de-ville, ainsi que l'abattoir qui se trouvait en face, furent construits en 1749, sur le fossé même qui séparait le château de la ville, avec les débris de deux tours qui défendaient l'entrée du château de ce côté-là : ces deux édifices sont élevés, ainsi que la route qui les sépare, sur d'immenses voûtes sous lesquelles coulent un ruisseau et le trop plein de la rivière d'Ornain lors de ses débordements.

Comme la Lorraine et le Barrois, le comté de Ligny fut

(1) En 1786, la ville de Ligny renfermait 126 nobles, ecclésiastiques et privilégiés, exempts de la subvention. Voir Archives de la Meuse, liasse. Série E. 225.

(2) Voir ce curieux arrêt, du 3 mars 1721, aux Archives de la Meuse, série B. 3042.

(3) Archives de la Meuse, série B. 3043. Plaquette format in-plano couronne, surmontée des armes pleines de Lorraine, sans nom d'imprimeur.

annexé à la France après la mort de Stanislas, son dernier souverain.

Par arrêt du conseil de Louis XV, rendu le 6 juin 1772, la Chambre des Comptes de Bar, par arrêt du 1er juillet suivant, fut autorisée à laisser en bail, pour quatre-vingt-dix-neuf années, commençant le 1er janvier 1772, les domaines et droits domaniaux de la châtellenie de Pierrefitte, du *comté de Ligny*, d'Ancerville, Petit-Louppy; droits utiles et honorifiques, nomination aux bénéfices, etc., etc., à Louis-Marie-Florent, comte du Châtelet-Lomont, seigneur de Cirey, Arnancourt, Bouzancourt et autres lieux, chevalier des ordres du Roi, maréchal de ses camps et armées, son ancien ambassadeur auprès de Sa Majesté Britannique, colonel-lieutenant de son régiment d'infanterie, ainsi qu'il résulte d'une quittance de la somme de treize cent cinquante-cinq mille quatre cent quatre-vingt-six livres qui lui fut délivrée par le garde du trésor royal, le 20 novembre de ladite année 1771, et enregistrée au contrôle général des finances le 26 du même mois. Pour garantie de son bail, le comte du Châtelet dut « s'obliger personnellement, affecter et hypothéquer tous ses biens présents et à venir (1). »

Un édit du mois de juin 1751 établit une prévôté royale pour la ville de Ligny (2). Les appels ressortissaient au bailliage de Bar. En 1779, l'hôtel-de-ville était composé d'un maire royal, chef de police; de deux échevins, d'un échevin-tréso-

(1) Arrêt de la Chambre des Comptes de Bar, signé *la Maure Villaubois*. Archives de la Meuse. B. 3044, trois pièces papier.

(2) La prévôté de Ligny se composait primitivement des villages ci-après : Biencourt, partie avec Montiers-sur-Saulx; — le Bouchon; — Boviolles; — Braux, partie avec Void et Gondrecourt; — Broussey-en-Blois, partie avec Gondrecourt et Vaucouleurs; — Chennevières; — Couvertpuis; — Dammarie; — Domremy-aux-Bois; — Ernecourt; — Fouchères, partie avec Bar; — Givrauval; — Ligny-en-Barrois; — Longeaux; — Marson; — Maulan; — Mauvages, partie avec Gondrecourt; — Méligny-le-Petit; — Menaucourt; — Morlaincourt; — Naives-en-Blois, partie avec Gondrecourt et Void; — Naix; — Nançois-le-Grand; — Nançois-le-Petit; — Nant-le-Grand; — Nant-le-Petit; — Nantois; — Oey; — Reffroy; — Saint-Amand; — Saint-Aubin, partie avec Commercy; — Savonnières-en-Perthois; — Tronville; — Vaux-la-Petite; — Velaines; — Willeroncourt.

rier, d'un procureur du roi et d'un secrétaire-greffier (1). La ville renfermait 780 maisons et 900 feux ou ménages (2).

L'intendant de Lorraine et Barrois ayant ordonné, en 1780, la construction d'une porte monumentale à l'entrée de la rue de Velaines, il s'est trouvé que, par suite de travaux supplémentaires et urgents, ordonnés par les officiers municipaux, le montant de la dépense se trouva dépassé de 616 livres. Pour couvrir ce supplément, une requête fut présentée à l'intendant par l'entrepreneur, pour qu'il lui plût d'en ordonner le paiement sur la caisse municipale; malgré l'avis favorable de M. Vayeur, son subdélégué, M. de La Galaisière répondit, le 21 février 1782, par cette note : « Les ouvrages d'augmentation dont il s'agit n'ayant point » été autorisés par nous, il n'y a pas lieu d'en ordonner le » payement sur la caisse de ladite ville; en conséquence, nous » avons renvoyé et renvoyons le suppliant à se pourvoir » ainsi qu'il avisera pour obtenir ledit payement contre ceux » qui ont ordonné lesdits ouvrages (3). »

D'après un état détaillé, dressé et certifié par les officiers municipaux de la ville de Ligny, le 2 août 1782, les revenus de cette ville s'élevaient à la somme de 14,410 livres 7 sous 6 deniers, et les dépenses se montaient à 14,300 livres 9 sous 7 deniers; ce qui donnait un reliquat de 109 livres 17 sous 11 deniers en faveur des recettes (4).

(1) Ces fonctionnaires étaient : MM. Bouchon, maire royal, chef de police; — Hannel, Desbœuf et Vinois, échevins; — Remyon, échevin-receveur; — Fauque, procureur du roi ; — Mage, greffier.

L'*Almanach royal de Lorraine et Barrois* pour 1765 nous a conservé les noms des personnes qui remplissaient les fonctions publiques : *Commandant la place*, M. Legrand. — *Huissiers* près le bailliage, MM. Lemoine, Caillot, Joseph-Ferdinand Doublet (il était doyen en 1784), Mange-Hussenot (1784-1790). — Près la PRÉVÔTÉ : Viard, prévôt; — Henrion, lieutenant particulier ; — L'Escaille, avocat-procureur du roi ; — Roger, greffier (ces quatre derniers étaient encore en fonctions en 1784). — Il y avait aussi Savoy, commissaire aux saisies réelles; — Lambert, receveur aux consignations; — Febvez, curateur en titre.

(2) Durival, *Description de la Lorraine et du Barrois*, in-4°, p. 350.

(3) Archives de la Meuse. Série C. 44.

(4) Archives de la Meuse, Série C. 44. Parmi les traitements inscrits au chapitre II *des dépenses*, on remarque ceux de Nicolas Varnerot, maître

Le 4 août 1785, étant à Paris, l'illustre Henrion de Pansey ne croyait pas déroger en écrivant de sa propre main au

d'école des pauvres, et de François Bellefontaine, maître d'école de la ville, portés chacun pour 100 livres; — celui du boueur, pour 140 livres; — le conducteur de l'horloge touchait 100 livres; — le sieur Mongin, médecin stipendié, 200 livres; — le sieur Laguerre, chirurgien stipendié, 150 livres; — les deux matrones, chacune 25 livres; — le maire, pour ses gages, 275 livres 18 sous; — le procureur du roi, les trois échevins et le secrétaire-greffier, chacun 172 livres 8 sous 9 deniers; — l'échevin-receveur, 275 livres 18 sous, plus 129 livres 3 sous 4 deniers pour ses frais de bureau; — l'huissier-audiencier, 45 livres 19 sous 6 deniers; — le trésorier-receveur de l'hôpital des enfants trouvés, 193 livres 15 sous; — 171 livres 8 sous 6 deniers étaient attribués aux deux commissaires de police; — le duc du Châtelet, comme étant aux droits du roi, touchait 1,285 livres 14 sous 3 deniers, pour droits d'arrage, de pressurage, de murs et jurées; — le receveur de la paroisse était inscrit pour 360 livres.....

Dans le chapitre Ier *des recettes*, on voit que la ville de Ligny possédait un gagnage en terres, vulgairement appelé les *terres urbaines*, sis sur la Montagne, lequel était affermé pour neuf années à Joseph Taitbot, laboureur à Ligny, moyennant 80 livres par an; — plus, deux pressoirs, adjugés pour douze années à Jean Labbé, charpentier, pour 46 livres 10 sous par an; — le parc était loué à Claude Hussenot, pour dix années, moyennant un canon annuel de 230 livres.

Le chapitre III nous fait connaître que la ville de Ligny jouissait des droits d'octroi y établis en suite des arrêts de concession en date des 3 mars 1721, 28 janvier 1729, lettres patentes du roi du 8 décembre 1767, arrêt du conseil du 20 décembre 1776, et lettre de Sa Grandeur du 31 du même mois. Ces droits se percevaient sur les denrées et les marchandises. Chaque bœuf tué dans la ville devait payer 6 livres; chaque taureau, godin, vache ou génisse, 5 livres 2 sous 6 deniers; un bouc ou chèvre, 12 sous 9 deniers; un porc, 2 livres 2 sous 10 deniers : les habitants qui en faisaient tuer pour leur usage et la consommation de leur famille, étaient exempts dudit droit. Une bande de lard qui entrait dans ville, pour y être débitée, payait 8 sous 6 deniers. Un veau, 1 livre 5 sous 8 deniers; chaque mouton, brebis ou agneau au-dessus du poids de 8 kilog., 1 livre 5 sous 8 deniers; pour les agneaux au-dessous de ce poids, 8 sous 6 deniers. Une pièce de vin payait 1 livre 5 sous 8 deniers; sur chaque pièce d'eau-de-vie, huile et vinaigre, la ville percevait 1 livre 10 sous; chaque pot de vin, huile, vinaigre et autres liqueurs en bouteilles, 1 sou 3 deniers; une pièce de cidre ou bière vendue et débitée en ville, 1 livre 5 sous 8 deniers, et pour l'entrée, 12 sous 9 deniers. Chaque bichet de blé porté au moulin, 1 sou 5 deniers; le bichet de seigle, conseigle ou orge, 1 sou 3 deniers; la minotte d'avoine, 8 deniers, etc...

Les droits d'octroi avaient été affermés, pour trois années, par adjudication du 9 décembre 1779, au profit d'Antoine Duseaux, bourgeois de Ligny, moyennant une redevance annuelle de 14,002 livres 10 sous, valeur au cours de Lorraine. — En 1767, ils n'avaient été adjugés que pour la somme de 12,500 livres; — en 1770, pour 12,710 livres; — en 1773, pour 13,025 livres; — en 1776, pour 13,380 livres; — mais par suite du peu de consommation, duc du Châtelet (1), engagiste des domaines de Sa Majesté au comté de Ligny, pour lui demander, pour M. de Maucourant, son beau-frère, une concession de chasse dans les bois de Dammarie, dépendant desdits domaines. Il est présumable que le grand seigneur s'empressa de faire droit à la requête du célèbre magistrat, car le nom de M. de

et la rareté de l'argent qui se faisait sentir en 1782, on présumait que l'adjudication, pour une nouvelle période de trois ans, qui devait se faire à la fin de cette année 1782, serait reprise à un taux au-dessous de la dernière. L'adjudicataire devait payer, en outre de son prix, 5 sous par livre au profit du roi.

Aujourd'hui (janvier 1880), il n'existe plus d'octroi à Ligny, mais les jours de foires et de marchés mensuels, — le jeudi qui précède le 1er vendredi du mois, — la ville perçoit, sur les marchands forains et les vendeurs de bestiaux, une certaine redevance.

(1) Voici la copie textuelle de la lettre de Henrion de Pansey, collationnée sur l'original qui est conservé aux archives de la Meuse. B. 1044.

« Monsieur le Duc,

» M. l'abbé de Prade, neveu de M. le cardinal de la Roche-Foucault, et prieur de Damme-Marie, village dépendant de votre comté de Ligny, vous présenta il y a environ deux ans un mémoire expositif, que le Roi n'a sur le village de Damme-Marie que la haute-justice; qu'en sa qualité de Prieur il est seigneur direct, et feodal du territoire, ce qui lui donne le droit d'y chasser d'après le principe, *qui a fief a droit de chasse;* que cependant vous aviés donné à une dame du lieu (*a*) une permission de chasse qui sembloit exclusive, que cette concession pouvoit faire la nature d'une difficulté, mais que ne voulant pas en avoir avec vous, il se bornoit à vous demander une concession qui, sans nuire à celle que vous lui aviés accordée, lui donnast, et à la personne qui administre son prieuré la faculté de chasser.

» La personne qui veille sur la manutention du prieuré de Damme-Marie est mon Beau frere, et vous avez bien voulu, Monsieur le Duc, lui faire donner une concession. Il en use depuis deux ans pendant les 5 ou 6 semaines qu'il passe chaque année à Damme-Marie; c'est-à-dire qu'il a déjà chassé 8 ou 10 fois.

» Vous venés, Monsieur le Duc, de faire retirer touttes vos concessions. M. de Maucourant mon beau frere s'est empressé de deferer à vos intentions, il a renvoié la sienne.

» Je ne vous prie pas, Monsieur le Duc, de vous rapeller que cette concession differe un peu des autres, puis qu'elle est l'effet d'une espèce de transaction. Je vous demande comme une grace de faire rendre la concession à M. de Maucourant. Si M. le Prieur de Damme-Marie n'étoit pas actuellement en Auvergne, il vous presenteroit lui-même cette Requette.

» Permettés-moi, Monsieur le Duc, d'ajouter que mon Beau frère n'est à Damme-Marie que pour un mois ou 5 semaines, et que si la grace que vous voudrés bien lui accorder n'arrive pas bientot, elle arrivera trop tard.

(*a*) Madame de La Morre.

Maucourant figure sur un état des chasses (1) que le duc accorda sur ses domaines, le 8 du même mois d'août.

Lorsqu'éclata la Révolution, il ne restait plus à Ligny qu'une prévôté qui lui fut enlevée par la Constitution. Par sa population, elle était la quatrième ville du nouveau département; mais elle était privée des établissements politiques dont des localités moins importantes étaient dotées, de sorte qu'elle se trouvait assimilée à un simple village (2).

De sa splendeur passée, il ne lui resta que le titre de chef-lieu de l'un des cantons du district de Bar-sur-Ornain, avec deux juges de paix (3), un pour la ville proprement dite, et l'autre pour les municipalités formant le canton. Ce canton, qui comptait 1331 citoyens actifs ou électeurs (4), était composé de onze municipalités, savoir : Ligny-ville, avec 606 citoyens actifs; Givrauval, 91 ; Longeaux, 64 ; Maulan, 18; Menaucourt, 84 ; Nançois-le-Petit, 107 ; Nantoy, 20 ; Naix, 56 ; Saint-Amand, 45 ; — Velaine, 149 ; — Villiers-le-Sec, 91 (5).

» Mon Beau frere, agé de plus de 60 ans, qui n'a jamais abusé de rien, n'abusera pas de cette concession.

» Ces messieurs m'ont choisi pour rapporter touttes les affaires de la comission. J'ai accepté avec plaisir par ce que c'est un moyen de vous prouver mon zele pour tout ce qui vous interesse. Soyés bien sur, Monsieur le Duc, que vos vües de celerité seront remplies.

» Je suis avec un profond Respect et le plus parfait devouement

» Monsieur le Duc

» Votre très-humble et très-obéissant serviteur.

» HENRION. »

» 4 aout 1785 à Paris. »

(1) Voir, aux archives de la Meuse, Série B. 3044, l'*état des chasses* concédées, par le duc du Châtelet, dans les forêts du comté de Ligny. Parmi les concessionnaires, figurent les noms suivants : de Thionville, de Vassimont, de Bauvierre, de Nicéville, de Morlaincourt, de Maucourant, Le Semellier, de Chôlet, Rougeot de Briel, L'Escalle de Villotte, d'Alençon, de Varange, de Saint-Blaise, marquis de Castéja, Robert, Nicolas Dordelu, Etienne, Thouvenot, Heriot, Jean-Baptiste Varnesson, Grosjean, Bourgeois-Brigeat, Guillaume; Mesdames de Saint-Amand, de La Morre et Vayeur.

(2) *Almanach du département de la Meuse* pour 1790, p. 15.

(3) A. Bouchon était *juge* et C.-N. Lasève *greffier*, pour la ville de Ligny, et F. François, *juge*, et J.-A. Parisot, *greffier*, pour le canton *extra muros*.

(4) Pour être électeur, il fallait payer la valeur de trois journées de travail pour ses contributions, soit 4 fr. 50.

(5) *Almanach de la Meuse* pour 1792, p. 67-68. — L'administration était

Plusieurs auteurs mentionnent un hôtel des monnaies qui aurait fonctionné à Ligny au XIVe et au XVe siècle. Comme nous n'avons trouvé, dans nos archives, aucun renseignement qui rappelle ce fait, nous transcrivons avec satisfaction une note qu'a bien voulu nous communiquer notre savant compatriote, M. Léon Maxe-Werly, membre de la Société des Antiquaires de France et de la Commission topographique des Gaules, sur les monnaies attribuées aux comtes de Ligny.

« On rencontre assez fréquemment dans les collections des monnaies sur lesquelles figure dans la légende le nom de LIGNY. Ce qui semble établir qu'au Moyen-âge il aurait existé dans cette ville un atelier monétaire; et cependant, dans les Archives, il n'existe à ma connaissance aucun document qui vienne confirmer ce fait; nulle part je n'ai rencontré dans les actes la mention de la monnaie de Ligny, ni découvert le moindre renseignement sur l'existence de cet atelier.

» Sur la plupart des monnaies que j'ai vues en nature, ou dont j'ai rencontré la description, les indications COMES DE LINEI, DE LINI, DE LINEIO, ne sauraient être invoquées comme preuves à l'appui de l'existence d'un atelier établi à Ligny pendant les XIVe et XVe siècle; ces mots inscrits dans la légende, à la suite de ceux des comtes de Luxembourg, Jean, Guy et Valéran, ne présentent dans ce cas que la mention de leur titre de comtes de Ligny, et ne constituent point une preuve en faveur de l'établissement, sous leurs règnes, d'un atelier monétaire dans ce fief dépendant de leur comté.

» Cependant les légendes LINNIENSI CIVIS, MONETA. D. LINI, DE LINEIO semblent affirmer ce fait, au moins dans la période du XVe siècle, puisque nous les retrouvons seulement sur les monnaies de Valéran III. Si donc il a existé réellement un atelier à Ligny, il a dû

ainsi composée : *Maire*, Joseph Chenez; — *Officiers municipaux*, J.-N. Mage, J.-F. Varnesson, N. Fauque, N. Dordelu, C. Fauque, P.-A. Bourgeois, J.-M. Bonnet, F. Pencez; — *Procureur*, Jacques Lambert; — *Secrétaire*, Jean Mage; — *Receveur*, Pencez; — *Architecte*, Jacques Vivenot. — *Notables :* J. Ney, prêtre; T. Simon; J. Vivenot; L.-A.-A. Castéja; N. Cledier; L. Bertrand; J. Mercier; A. Roger; M.-L. Maillet, prêtre; N. Dordelu; C. Grosjean; B.-T. François; Baillot, prêtre; S. Dordelu; J.-M. Mongin; J.-F. Ledos; G.-H. Brouet; P. Millot; E. Bachelin. — *Bureau municipal :* J. Chenez, N. Dordelu, F. Pencez; — *Commissaires de police*, J. Thiébaut et J.-F. Prevot; — *Sergent de ville*, Jean-Baptiste Maquart. — *Curé constitutionnel*, Claude-Alexandre Brigeat.

son fonctionnement à ce prince, et seules les monnaies, à défaut d'autres documents, en démontrent l'existence.

» Ce n'est point en quelques lignes qu'il devient possible de reconstituer la numismatique des comtes de Ligny; ce serait l'objet d'un travail sérieux et de longue haleine, puisqu'il n'est point facile, dans le nombre des pièces portant en légende le nom de Ligny, de faire la part des monnaies qui proviennent de cet atelier. Quantité, n'indiquant point le nom du lieu d'émission, peuvent avoir été fabriquées à Serain (1), à Saint-Pol, à Elincourt (2), à Luxembourg, à Daelhem ou à Ligny; mais comment les attribuer avec certitude à tel ou tel atelier (3)? »

## II.

### LE CHATEAU ET LA COLLÉGIALE.

1° *Le château.* — L'histoire ne nous fournit aucune notion positive sur l'époque de la construction du château de Ligny, qui était entouré de murailles et flanqué de nombreuses tours. Par celle qui subsiste encore et qui renferme la chambre où naquit le cardinal Pierre de Luxembourg, et les quelques vestiges qui restent des autres, on peut supposer que ce château, bien défendu, était presque imprenable avant l'invention de la poudre à canon. Le dernier siége qu'il soutint fut entrepris par le maréchal de La Ferté, qui s'en rendit maître et le démantela en partie. Le reste des fortifications, jadis formées d'un double rempart en pierres (4) et en gazon, a disparu aujourd'hui.

(1) Serain, village à quatre lieues de Cambrai, était un arrière-fief des sires de Crèvecœur, dans le Cambrésis, qui relevait de Wallencourt. Avant 1313, les seigneurs du fief de Serain jouissaient du droit de battre monnaie.

(2) La terre et seigneurie d'Elincourt, qui appartenait à Jean de Laon, seigneur d'Athaneville, fut acquise en juillet 1300, par Guy IV. Vers 1431, après la mort de Philippe de Bourgogne-Brabant, Elincourt a fait partie de l'apanage des comtes de Ligny.

(3) Voir dans la *Revue Belge*, 1852, p. 170, un excellent article sur Ligny. M. Prosper Cuypers y traite la cession du fief de Ligny à la maison de Limbourg-Luxembourg.

(4) On remarquait sur les murs des remparts de Ligny, de distance en dis-

La démolition du château fut ordonnée par arrêt du conseil des finances du 25 juin 1746, pour faciliter l'abord de la place. Avec ses débris on construisit les maisons de la rue dite Royale, la plus belle de la ville, qui aboutit à une porte à trois ouvertures, et conduit au pont jeté sur la rivière d'Ornain, pour le passage de la route nationale N° 4, de Paris à Strasbourg.

La porte d'entrée de ce château était défendue par six tours. Celle du *Paradis* ou du *Poulain*, fut démolie en 1833. Une tour gigantesque, dit la *Grosse-Tour*, dont il reste encore quelques vestiges, avait été construite par Henri le Blond, comte de Luxembourg, au XIIIe siècle; elle fut renversée par la Révolution, et sa base disparut en 1839. Des jardins occupent aujourd'hui son emplacement.

La tour d'*Angleterre*, qui se trouvait entre cette grosse tour et le château, était octogone; elle fut également détruite à la Révolution; quelques vestiges de sa base se voient encore.

La porte du *Pierge*, située à l'ouest de Ligny, sur la route de Saint-Dizier, était autrefois défendue par deux tours qui ont été démolies au commencement du XIXe siècle. Cette route de Saint-Dizier fut construite sous le règne de Louis XVI, par les ordres de M. de Choiseul, marquis de Stainville.

Au sud, la porte de *Givrauval*, ou porte de *Neuf-Château*, était aussi protégée par deux tours, qui ont été démolies sur la fin du XVIIIe siècle.

Deux belles tourelles, raccordées par un mur, et qui ont été rasées pendant la tourmente révolutionnaire de 1793, protégeaient le parc.

tance, la représentation en relief d'une *salamandre* au milieu des flammes. On sait que François Ier, roi de France, avait adopté pour emblème une salamandre dans le feu, avec cette devise : *J'y vis et je l'éteins.* On pourrait conjecturer que, pour plaire à ce monarque, l'ingénieur chargé de la reconstruction des fortifications de la ville, aurait fait sculpter ces salamandres, dont un spécimen se voyait dans le mur du jardin d'une maison de la rue des Moulins. Le dessin ci-contre en est une copie prise sur les lieux par M. le comte Hippolyte de Widranges, de la Société des Lettres, Sciences et Arts de Bar-le-Duc.

La Salamandre dans les flammes,

telle qu'elle était représentée sur les remparts de Ligny.

Bar-le-Duc.- Autogr. Vve Numa Rolin, Chuquet & Cie

La porte *Dauphine*, dite porte de *Velaines*, construite en forme d'arc-de-triomphe, était aussi protégée par deux tours qui furent démolies en 1774.

Un angle du parc, sur la route de Bar-le-Duc à Neufchâteau, était protégé par la belle tour dite des *Terrasses*.

Le parc du château fut conservé par un arrêt rendu le 5 janvier 1748. Devenu propriété communale, sa proximité près la rivière d'Ornain en fait l'une des plus belles et des plus agréables promenades du département. Il est clos par une haie vive qui fut plantée, en 1818, sur l'emplacement des murailles.

Une inscription sur pierre, avec encadrement, encastrée dans les anciens remparts de Ligny, faisant actuellement partie d'une grange bâtie en 1841 dans le parc, rappelait la réparation de la brèche faite au château par les troupes de Charles-Quint lors du siége de Ligny en 1544. Cette inscription est ainsi conçue : « A l'absence de Monseigneur le Duc » de Luxembourg, Monsieur de Villemaur, capitaine gou- » verneur de la Ville et Château de Ligny, mareschal de ba- » taille des Armées du Roy, a fait rétablir ceste brêche par » ladite Ville. Maistre Jean Husson, mayeur, le 16e d'Avril » 1615 (1). »

2° *La collégiale.* — Une antique basilique s'élevait dans l'intérieur du château et formait l'aile droite du côté du sud; elle était connue sous le nom d'*Insigne Église* collégiale ducale. D'abord simple chapelle domestique, ou oratoire sous le vocable de Saint-Epvre, pour le service du château, elle fut reconstruite sur un plan plus vaste et telle qu'elle se voyait encore au XVIIIe siècle, par Agnès de Champagne, comtesse de Bar, dame de Ligny, fille aînée de Thiébaut le Grand, comte de Champagne, et sœur d'Adèle ou d'Alix, femme de Louis VII, roi de France, de concert avec son fils Thiébaut Ier, dixième comte de Bar, en 1192 (2).

(1) La hauteur intérieure de cette pierre est de 1m, et sa largeur de 0m,69.

(2) Voyez Dom Calmet, qui dit que Conon, abbé de Jovilliers, fut témoin de cette fondation, ainsi que Nicolas, abbé de Saint-Mihiel; Roger, abbé de Trois-Fontaines; Albert, abbé de Jeand'heurs; Simon, sire de Commercy, etc.

Cette fondation fut confirmée par Eudes de Vaudémont, évêque de Toul, en 1197, et ensuite approuvée par le pape Innocent III. Le chapitre devait être composé d'un doyen et de onze chanoines relevant directement du Saint-Siége (1). L'église était sous l'invocation de la sainte Vierge dans son Assomption. On y comptait huit chapelles, savoir celles : 1° de Saint-Michel; 2° de Saint-Pierre le Vieil; 3° de Sainte-Madeleine; 4° de Sainte-Catherine; 5° de Saint-Jacques; 6° de Notre-Dame-des-Vertus, unie au chapitre; 7° de Saint-Pierre de Luxembourg; 8° de Saint-Didier. La collégiale subsista jusqu'en 1746. Avant sa fondation, plusieurs historiens disent qu'il n'y avait qu'une petite chapelle placée sous le vocable de Saint-Epvre.

Le doyen de la collégiale était élu par les chanoines, lesquels ne devaient répondre qu'à lui pour des fautes qu'ils pouvaient avoir commises. De plus, chaque chanoine jouissait du privilége de se faire justice de son domestique sans que le juge séculier s'en mêlât; de même que, si le cheval ou le bœuf d'un chanoine venait à faire quelque dégât dans les champs, son maître n'était tenu qu'à réparer le dommage fait, sans encourir d'amende.

La donation faite par Henri de Luxembourg, sire de Ligny, en 1297, fut confirmée par lui en décembre 1300; il ordonna en même temps qu'un anniversaire serait fait, chaque année, dans l'église collégiale, pour le repos de l'âme de son très-cher seigneur et père, Monseigneur Valéran de Luxembourg, et un autre pour Madame Jeanne de Beaurevoir, sa mère. Le même seigneur confirma une troisième fois ces anniversaires au mois de mars 1339 (2).

Les archives de la Meuse possèdent la copie de cinq lettres

(Hist. de Lorraine, 1728, t. II, c. 143-144). — D'autres auteurs indiquent la date de 1194. L'*Almanach de Lorraine et Barrois* pour 1784, reporte la date de sa fondation à 1197, année de la mort d'Agnès, ce qui n'est pas présumable. Cette pieuse comtesse fut inhumée dans l'église de Trois-Fontaines, ordre de Cîteaux, à 12 kilomètres de Bar.

(1) Un des derniers doyens fut M. Cordier, qui était revêtu de cette dignité en 1784 (*Almanach de Lorraine et Barrois* pour 1784, p. 132).

(2) Vigner, *Histoire de la maison de Luxembourg*, 1619, in-4°, p. 143.

Sceaux du Chapitre de la Collégiale de Ligny.

Cabinet de M. le comte Hippolyte de Widranges.

d'amortissement des biens de la collégiale de Ligny, émanant des années 1340, 1342, 1371, 1402 et 1407, ainsi que pour la chapelle de Sainte-Marie-Madeleine, 1362; celle de Saint-Michel, 1386; et celle de Notre-Dame-des-Vertus, 1669.

Valéran III de Luxembourg, de séjour en son comté et avant de retourner à la cour de Charles VI, où il était en faveur, accorda au chapitre de Ligny, le 4 juillet 1481, l'amortissement d'une maison située dans la Grande-Rue (1).

La chapelle sous le vocable de Saint-Michel, dans l'église collégiale de Ligny, avait été fondée, le 1er mars 1387, par Jean de Ligny, chanoine de ladite collégiale et curé de Vuilleroncourt, au nom de Nicolas Simon, aussi chanoine, décédé, dont il était l'exécuteur testamentaire. L'érection en avait été autorisée par une bulle du cardinal d'Aigrefeuille, légat du pape Clément VII en Allemagne, donnée à Toul, le 8 novembre 1386. Les biens de cette chapelle furent amortis par lettres de Valéran, données en son château de Ligny, le 13 février 1387 (2).

Au XVIe siècle, chaque année, le jour de la Pentecôte, une cérémonie carnavalesque se célébrait encore à Ligny. Les chanoines de la collégiale et les chapelains étant réunis, de concert, ces révérendissimes choisissaient un chapelain qu'ils revêtissaient du costume de l'abbé, ayant la crosse en main et la mître sur la tête, et auquel ils donnaient le nom de *Bayard*. Ainsi habillé, les vénérables le conduisaient aux vêpres la veille de la fête, et à la messe le jour de la solennité, aux sons du tambour et d'autres instruments plus ou moins bruyants. Dans ces jours de relâche, les graves chanoines et les chapelains eux-mêmes se permettaient la jouissance de prendre leurs ébats et de danser le quadrille avec les femmes et les jouvencelles de la ville. Un arrêt du Parlement de Paris, rendu le 14 août 1548, mit fin à cette cérémonie burlesque, comme portant atteinte à la dignité des membres du clergé (3).

(1) Victor Servais, *Annales du Barrois*, 1867, t. II, p. 38.

(2) *Idem, ibidem*, p. 134.

(3) Cartulaire du chapitre de Ligny, manuscrit in-folio.

Parmi les fondations faites en cette collégiale, il y en avait une due à Marguerite de Savoie, alors veuve d'Antoine de Luxembourg, qui consistait en une messe qui devait être dite chaque dimanche en l'honneur de sainte Marguerite, sa patronne.

Décorée du titre d'*Insigne*, ainsi que nous l'avons vu, et de celui de *Fille aînée de la cathédrale de Toul*, de plus, enrichie de nombreux priviléges (1) que lui avaient valus les ducs de Luxembourg, cette église fut reconnue comme la paroisse du château, et dut à ses seigneurs son complet achèvement, ses monuments, sa décoration, ses richesses, l'augmentation de son clergé, et ses patrons la choisirent pour le lieu de leur sépulture. C'était en cet asile de la paix et de la prière que s'élevaient, protégés par les plus honorables souvenirs et les plus vieilles armoiries, des monuments funéraires, renfermant les restes de plusieurs chevaliers croisés, des compagnons de Henri IV, des amis du roi Louis XIV, preux chevaliers, illustres soldats, nobles dames. Le marbre, l'albâtre, le bronze, le fer, placés sur ces glorieux tombeaux, rappelaient les faits, les belles actions et les vertus de cette puissante maison (2). Mais les saturnales de 1793 n'ont rien respecté!... *Tout a été brisé.... vendu!.... et les cendres de ceux qui étaient placés sous la protection de Dieu et de saint Pierre de Luxembourg, la gloire de Ligny, ont été dispersées par les vents..... De tant de gloire et de grandeur, il reste à peine un souvenir.*

(1) Parmi ces priviléges, on peut citer les paroisses ainsi dénommées ci-après, qui étaient à la collation du chapitre de Ligny : 1° dans le doyenné de *Meuse-Commercy*, Saulx-en-Barrois, alternativement avec le chapitre de Toul, suivant accord fait entre eux en 1504; — 2° dans celui de *Bourmont :* Sommerécourt, alternativement avec le seigneur, Graffigny-Chemin; Pompierre, avec le seigneur; Bazoilles, avec le seigneur en 1515; — 3° celui de *Robert-Espagne :* Revigny, Rancourt, Neuville-sur-Orne et Couvonges; — 4° celui de *Ligny :* Ligny, Morlaincourt, Givrauval et Vuilleroncourt; — 5° celui de *Belrain :* Dagonville.

(2) Les plus remarquables étaient ceux de Marguerite de Savoie et d'Antoine, son époux.

Armoiries de la ville de Ligny.

D'azur à trois croissants d'argent entrelacés, en chef, et trois chardons d'or en pointe, feuillés et tigés de même. Devise : *En mes peines je vais croissant.*

(Extr. de l'*Armorial des villes, bourgs et villages de la Lorraine, du Barrois et des Trois-Evêchés*, 2e édit., illustrée de plus de 250 blasons et de planches d'armoiries, par M. C. Lapaix, 1 vol. in-8o de 346 pages; Nancy, 1877, p. 133.)

## III.

### ANCIENNE DIVISION ECCLÉSIASTIQUE.

#### I. *Archidiaconé de Ligny.*

L'ancien archidiaconé de Ligny faisait partie du diocèse de Toul, il comprenait cinq doyennés, savoir : 1° celui de *Belrain*, composé de 13 paroisses, avec 5 annexes ou vicariats; — 2° celui de *Ligny*, composé de 26 paroisses, un collége (Ligny), une chapelle castrale (celle du château), 7 annexes ou vicariats; — 3° celui de *Gondrecourt*, composé de 25 paroisses et 8 annexes ou vicariats; — 4° celui de *Meuse-Commercy*, composé d'une collégiale, 20 paroisses et 5 annexes ou vicariats; — 5° celui de *Meuse-Vaucouleurs*, composé d'un collége, 25 paroisses et 6 annexes ou vicariats.

#### II. *Décanat ou Doyenné de Ligny.*

D'après le Pouillé de Toul, rédigé en 1402, le doyenné de Ligny comprenait primitivement : 1° la collégiale; 2° les églises paroissiales dont suit la nomenclature :

1. Tréveray : cette paroisse avait La Neuveville pour annexe en

1768; — 2. Naix : avait pour annexe Menaucourt (1); — 3. Marson : avait pour annexe Boviolle; — 4. Domremy : avait pour annexe Ernecourt (2); — 5. Loxéville; — 6. Saint-Christophe; — 7. Morlaincourt : avait pour annexe Oey; — 8. Guerpont; — 9. Nançois-le-Petit : avait pour annexe Velaines-la-Petite; — 10. Ligny (3); — 11. Saint-Amand; — 12. Vaux-la-Petite : avait pour annexe Chennevières; — 13. Nançois-le-Grand; — 14. Givrauval (4); — 15. Longeaux; — 16. Vaux-la-Grande; — 17. Vuilleroncourt; — 18. Nantois; — 19. Velaines-la-Grande (5); — 20. Triconville : avait pour annexe Cousances-aux-Bois; — 21. Tronville; — 22. Longeville : avait pour annexe Tannois (6); — 23. Reffroy; — 24. et la chapelle castrale de Saint-Amand.

Nous transcrivons, d'après le *Dictionnaire topographique*, publié par M. Félix Liénard, en 1872 (Imprimerie nationale, in-4°, p. 129, col. 1), la composition de ce doyenné au moment de la Révolution.

Le doyenné de Ligny (*decanatus de Lineyo*) comprenait dans toute son étendue vingt-deux cures, sept annexes ou succursales, un chapitre, deux prieurés, un hôpital, un collége, douze chapelles, quatre maisons religieuses et trois ermitages. Les paroisses et annexes étaient les suivantes :

Boviolles, — Chennevières, — Cousancelles, — Cousances-aux-Bois, — Domremy-aux-Bois, — Givrauval, — Guerpont, — Ligny-en-Barrois, — Longeaux, — Longeville, — Loxéville, — Marson, — Menaucourt, — Morlaincourt, — Naix, — Nançois-le-Grand, — Nançois-le-Petit, — Nantois, — Oëy, — Reffroy, — Saint-Amand, — Silmont, — Tannois, — Tréveray, — Triconville, — Vaux-la-Grande, — Vaux-la-Petite, — Velaines, — Vuilleroncourt.

Notre intention est de compléter cette étude par une seconde partie comprenant, outre la description et l'histoire de la ville moderne, celle de ses nombreux établissements religieux, municipaux, scolaires et industriels, et terminée par une note biographique de ses principales célébrités, et suivie des pièces justificatives les plus curieuses et les plus intéressantes, extraites de nos Archives.

---

(1) Menaucourt fut érigée en cure le 15 février 1716.

(2) Ernecourt fut détachée de Domremy et érigée en cure le 20 oct. 1731.

(3) Cette cure fut unie au chapitre en 1534.

(4) Cette paroisse fut unie au chapitre le pénultième de juillet 1641.

(5) Cette paroisse avait dépendu de la Petite-Velaines, où il y avait une église sous le vocable de Saint-Martin, qui fut d'abord annexe de Nançois-le-Petit, et depuis attachée à la paroisse d'Inval (Velaines-la-Grande). Cette église fut démolie en 1742 par ordonnance de Mgr Bégon, évêque de Toul, afin que les deux villages ne fissent plus qu'une seule et même paroisse, dont le service divin se célébrerait dans l'église Saint-Remy de Velaines-la-Grande, laquelle fut reconstruite en 1743. (*Recueil de documents sur l'hist. de Lorraine*, Pouillé de Toul, rédigé en 1402, in-8°, 1863, p. 75.)

(6) Erigée en cure le 6 février 1696.

BAR-LE-DUC, IMPRIMERIE CONTANT-LAGUERRE.

www.ingramcontent.com/pod-product-compliance
Ingram Content Group UK Ltd.
Pitfield, Milton Keynes, MK11 3LW, UK
UKHW022124190726
13855UKWH00003B/1027

9 782013 472746